恩重如山

——陈祖武先生口述史

陈祖武◎口　述
王　进◎访谈整理

贵州出版集团
贵州人民出版社

图书在版编目（CIP）数据

恩重如山：陈祖武先生口述史 / 陈祖武口述；王进访谈整理. -- 贵阳：贵州人民出版社, 2023.4

ISBN 978-7-221-17461-1

Ⅰ. ①恩… Ⅱ. ①陈… ②王… Ⅲ. ①陈祖武 - 访问记 Ⅳ. ①K825.81

中国版本图书馆CIP数据核字(2022)第215216号

ENZHONGRUSHAN

恩 重 如 山

陈祖武 ◎口述　王　进 ◎访谈整理

出 版 人　朱文迅
策划编辑　谢丹华　周湖越
责任编辑　王潇潇　汪琨禹
装帧设计　陈　电
责任印制　尹晓蓓

出版发行　贵州出版集团　贵州人民出版社
地　　址　贵阳市观山湖区中天会展城会展东路SOHO公寓A座
印　　刷　天津创先河普业印刷有限公司
版　　次　2023年4月第1版
印　　次　2023年4月第1次印刷
开　　本　787 mm × 1092 mm　1/16
印　　张　15.25
字　　数　200千字
书　　号　ISBN 978-7-221-17461-1
定　　价　58.00元

暮归

一生多磨难
学步苦中行
夕阳送垂暮
唯存感恩心

陳祖武 謹識

二〇二三年元旦

目　录

专精与兼通的学界楷模

——陈祖武先生《恩重如山》序

张新民

《恩重如山》一书的出版，乃是陈祖武先生自述其一生学思心路历程，由王进教授采访录音，并反复认真领会整理，贡献给学界的一份当代学人思想文献礼品。我读后仿佛不断紧随祖武先生之后，一层一层艰难地拓展自己的心智与眼界，感悟他治学的持恒与辛劳，最终则重走了一遍他的漫长人生旅途，攀缘到了他的学术思想发展的高峰，感受到了他用一生精力构建出来的学术宫殿的璀璨和壮伟。然而较诸学术宫殿更为令人瞩目感动的，则是他一生始终不渝的学术职志和人品风范。《易传》既称《乾》卦“元，善之长”，又称《坤》卦六五为“美在其中”，如果借用这两句话来形容祖武先生的人品与学问，相信凡与其有过接触或读毕是书的人，都自然心领神会能够赞同的。

一、人性真情与世间大义

祖武先生自幼受家学的熏陶，日日目睹家中金字匾额“是乃仁术”四个大字，在祖父的诱导和启发下，从小就懂得了传统中国一贯强调的“仁者爱人，有礼者敬人”的道理。他后来治学始终奉“博学于文，行己有耻”八字为矩矱，也与母亲“人不要脸，百事可为”一类的教育有关。

严格地说，无论个人或整个人类社会，伦理实践的起点都离不开家庭，而以“仁”为本的家庭教育，尽管尚需要时间与社会环境等因素来加以培养或强化，但仍深刻地影响了祖武先生的一生，表现为他身上特有的学者气质与人性美德。也可说“元者善之长”与“美在其中”，二者作为一种天地赋予人的最基本的品质，早在他少年时代的人生实践生活中，便有了突出的表现。以后无论在昆明如“清洁工”般干活并坚持读书，与装卸工人亲如兄弟般地自然和睦相处，或是荣任中国社科院历史所所长时，表态“决不以权谋私”，并自始至终奉行不渝，乃至研究黄宗羲结撰《明儒学案》之宗旨内容，表彰其为师门传学术，为故国存信史，为天地保元气，如果透过现在与过去相连的时间之流如实观察，均可见祖武先生前后一贯的为人治学风格。

祖武先生人品与学问的一致，也表现在一些小事上。记得十多年前，他还在历史所任所长时，该所党委书记刘荣军曾告诉我，说祖武先生每天骑自行车，走很远的路上下班，从来不动用本该享受的专用公车，所内的同志都从不同角度好意劝过他，他却始终以正好能锻炼身体作答。今读是书才知道，也曾任过所长的林甘泉先生，退休后看病可用公车，也从来坚持不用。这显然是无形中逐渐形成的好传统，作为一代学人树立的学风世范，在内即表现为内心修持及精神品性的个人美德，在外则反映为严守公共规范与行为准则的社会公德，在祖武先生的身上尤其显得突出。

中国文化历来“性理”与“性情”并重，不惟重视人的理性，同时也重视人的情感，“理”与“情”都必须发自天然本真的人性。郭店竹简《性自命出》及《语丛·二》讲 “道始于情，情生于性”，“礼因人之情而为之”，宋明理学家也说“心统性情”“心之性情”“仁性爱情”，均可见除了“理世界”的建构和实现之外，“情世界”的培育及展开也极为重要。而道德情感作为一种先天的心灵禀赋，尤其需要透过各种社会化或仪式化的方式，来多方面地加以展开和实现。祖武先生从小学到中学，再从中学到大学到研究生，其间获得过无数师友的关心和帮助，而在从事学术研究的整个生涯中，更得到了无数同道或同仁的支持与鼓励，情义在他看来可谓弥天盖地，不仅丰富了自己的求学致思内容，同时点化了现实的世俗社会，构成了终生难忘的情感记忆，转化为始终精勤不已的上进动力。读是书者皆可知之，也都会深受感动和教益。其中如杨向奎先生是他的恩师固不必论，郑天挺先生则是他走上学术道路的引导人，张政烺、谢国桢等先生更是他的授业师，任继愈先生也在学术交往中给予了不少帮助，书中述及大量的人事往来细节，涉及的耆老硕德既多，提供的学术信息亦大。每一个人的后面可说都有一个故事，亦都从一个侧面反映了学术变迁发展的过程。祖武先生作为置身其中的预流者或当事人，则以充满情感的语言，提供了大量的个人私交信息，还原了不少当时的历史场景，遂使表面纯为理性的学术世界，也充满了难得的情感因素。

但是，无论是心中含蓄深藏的“情”，或转由话语表达外显出来的“情”，在祖武先生那里都是“大情”而非“小情”。他感恩师友，感恩同事，感恩社会，感恩民族，感恩国家，知道个人价值的实现与历史社会的进步，二者是不可须臾分离的。因此，举凡一切为他人或群体的生存发展创造良好环境的人，无论过去或现在，古人或今人，贡献尽管有大小，关系难免有亲疏，他都心怀由衷的敬意，表现出博大的人文情怀。是书之题名“恩重如山”，即表示在他人生成长旅途和学术发展的道路上，自己任何一点一滴的进步，都既离不开他人的无私帮助，也离不开时代世运的客观回报。而年愈近耄耋便愈怀念家乡，以为自己一生的成就都得力于他人的关心和支持，尤其不能忘怀者即早年帮助他踏上学术道路的母校，遂将自己长期珍藏的近万册典籍，悉数捐赠家乡供青年学人阅读，并将藏书之地取名为“感恩书屋”。无一不可见其发自个人一己内在生命之情感，早已升华为能够温暖人间社会的普遍性大爱。决非私下个人利害得失计较的“小义”，而是社会公共乐群生活不可或缺的“大义”；不是个人恩怨止于一己范围的“小情”，而是发自本心真性能感通一切的“大情”。前引“道始于情，情生于性”，即是说人间正道必始于人的真情，而人的真情又产生于人的真性。这样的真性真情是能够陶冶塑造人的精神品质的，甚至可以与天地配合构成宇宙式的意义的，当然就应该转化为长久的历史文化记忆，一代一代相传奉为永恒性的典范。诚如郭店竹简《性自命出》所说：“知情者能出之，知义者能入之。”“情”与“义”都为人间社会永恒的必需，一旦阻塞就会感到生命的窒息或压抑。

二、爬梳文献与开导后学

与祖武先生待人出自本心真性，总是显得真诚和真实一样，他一贯抱持的治学态度，也是以真诚与真实为根本出发点，做到了严格意义上的内不欺己及外不欺人，亦即《中庸》所说的“合内外之道，故时措之宜”。因而他每立一论，每安一说，都一本实事求是之原则，扎扎实实从文献出发，依据大量可靠史料发言，宁可劳而不获，亦决不不劳而获。数十年间，先后整理出版的古籍著述成果，即有《李塨年谱》《颜元年谱》《杨园先生全集》《榕村全书》《清儒学案》等，均极具文献学功力，甚有功于有清一代学术。而他之所以为叶衍兰、叶恭绰先生祖孙两代学人合著之《清代学者象传》作校补，也是因为痛感是书第二集凡二百家，均有像无传，半个多世纪以来，前贤未尽之业，始终无人问津。因而一方面广参各种相关文献，重新精校第一集之各家小传，另方面则发愿依像补足新篇，重撰传文俾成完璧。凡第二集所缺者，均一一悉加补齐。前贤未竟之盛业，至此终得以完成。其拳拳表幽彰微之心，亦跃跃然见诸纸上。凡有用心读是书者，皆当知文中别有深情在。

祖武先生读书既勤，治学亦精，其每进行一专题研究，必广搜各种史料，尽可能竭泽而渔，举凡各种单刻本、丛书本、稿抄本、名人手札，无不旁征博引，一切皆依史料或史实，多方佐证以求折衷一是。例如，他早期研究顾亭林，即不仅遍读其各种撰述文集，而且受郑天挺先生启发，更广涉他人较少注意的诗集，旁及其他一切与其有交往的人物，揭示时代变迁及发展走向的脉络特征。在方法论上实际即为“以诗证史”“以诗补史”，即使不能相互引发，也可另备异说。陈寅恪、陈援庵两先生均早有示范，祖武先生也深得其堂奥。

当然，更重要的是，“以诗证史”不仅扩大了史料利用的范围，拓展了历史研究的领域，而且透过诗当能更好地观察人物内在的心灵感受状态，了解前人立说的真实用意与潜在目的，总结一时代学术形态变迁发展之内在脉络或理路，从而同时兼顾社会、经济、政治、文化等多方面的影响，不在学术史与社史之间人为地设置任何畛域或障碍。学术史在他看来绝不可能孤悬于社会之外，因而必须始终关注其与世运生态的关系，考察相互之间必有的渗透和影响关系。“知人”与“论世”从来都是善治学者必须同时关注的两个向度，也可说是一种内在观察了解与外在分析判断双管齐下的研究进路，因而在资料取用的广泛及立论的周延方面，显然远较一般著述更为严格。

因此，正是从上述严谨的方法论原则出发，祖武先生凡有论著发表，都无不以资料的详尽占有，以及立论的客观精当见长。举其要者，如早年结撰的《清初学术思辨录》，便是在研究顾亭林的基础上，终日浸润在典籍文献之中，阅读了大量名流宿儒的史料，进一步深化了自己对清初八十年来学术思想的认识，遂采取学术史与社会史双重观照的方法，将众多专题和人物个案研究融通整合为一体，涉及经学、哲学、史学、文学、艺术及考据方法等诸多方面的问题，重新评骘顺治、康熙两朝学术史的历史地位，从而成就了这一总结性的学术反思著作。《清史稿儒林传校读记》的写作，亦始自其早年，乃是长期研读《清史稿》，尤重视其中之《儒林传》，因而一方面深感其文献价值的重要，以为乃治有清一代学术史不可不读之书；另方面又感叹史馆用人杂乱，错讹可谓举不胜举。即在《儒林传》，虽有缪荃孙初稿可供凭据，然毕竟统稿乏人，校勘不精，谬误仍多。故在阅读过程中，每有疑问，即随手批注，或旁记侧书，或别纸另写，逐条订改，最终在晚年汇为一帙，成此一部有用之书。具见是书用力前后达四十年，决非一般泛泛读书者所能比拟。是书开篇《校读前言》，引钱竹汀《廿二史考异》序云："史非一家之书，实千载之书，去其疑乃能坚其信，指其瑕益以见其美。拾遗规过，匪为龄龁前人，实以开导后学。"与历代德才兼备之史家一样，"开导后学"亦为祖武一贯之治学宗旨，即使指出前辈学人的错误，目的也在发扬光大中国的史学传统，从中正可见其既"护惜古人"，又"实事求是"之良苦用心。

在从事个人名山不朽撰述事业的同时，祖武先生也培养了一大批年轻后进人才。从自己一生的治学经历出发，他始终认为自己之所以能步入清史或学案史研究领域，乃是得力于恩师杨向老的提携与引导，而杨向老又继承了其师钱宾四先生的治学传统和学风，前后传承，已有三代，均无不重视文献，而又强调义理。因而自己有责任认真关心和培养青年人才，不使学脉传衍受阻中断，遂组织和带领历史所一批年轻学者，潜心从事乾嘉学派的研究。研究过程中不惟爬梳归纳经疏、史传、文集、谱牒、笔记、档案等文献达百种以上，而且更通读甄采了《清实录》《朝鲜李朝实录中的中国史料》等大量道光前的第一手原始资料，遂先汇纂为卷帙浩繁的《乾嘉学术编年》资料长编，再合撰成代表学界最新成果的《乾嘉学派研究》学术性论著。其中《乾嘉学术编年》上起乾隆元年（1736），下迄道光十九年（1839），凡百年间之学术大事，无不条纲相统，脉络互贯，原原本本，汇为一编。读之则一代学术变化演进之历史轨迹，按年逐条检读，举凡学界人物大事，无一不可了然于心中，遂在刘汝霖《汉晋学术编年》、杨翼骧《中国史学史资料编年》诸书之外，自立一体，别张一军，而可与钱宾四先生的《先秦诸子系年》媲美。虽然《乾嘉学术编年》与《先秦诸子系年》，二者所针对的时代不同，体例亦明显有异，然都是功力极深之宏著，自可分别长传后世。而参与该书撰写工作的年轻学者，后来都成了学界颇有声望的领军人物。所以，祖武先生多次强调集体通力合作开展科研的重要，一部分的原因即在于通过集体协作优势的发挥，尤其是主事者的身教言教示范，能够培养出一批优秀青年人才。

祖武先生重视文献的积累功夫，并以此来诱导和培养年轻学者，从他的《清儒学案》研究亦可看出。他积历年整理点校《清儒学案》之心得，撰成《徐世昌与〈清儒学案〉》一文，于徐书之利弊得失，皆有客观公正的评价。其中稍值得一提的是，他在整理是书的过程中，意外在史界前辈史树青先生家中，获睹一批徐世昌与其门人曹秉章的往返书札。书札时间跨度几近十年，数量达四百余通，均涉及《清儒学案》编纂问题，价值至可珍宝。这批书札以后虽有线装书局整理本，然时序颠倒，校勘不精，舛讹殊多，有失裁别。祖武先生有鉴于此，乃嘱院内年轻学者李立民，重新据原件影本编次整理，并撰成《清儒学案曹氏书札整理》一书。同时又指导研究生朱曦林以《徐世昌与〈清儒学案〉》为题，撰写博士论文。前者得先生释疑解惑，多方辨识墨写草书，不仅先后叙秩井然，即录文注释亦精当允准。后者则爬梳文献甚勤，不惟引用了前人较少注意的徐、曹两氏函札，而且查阅了不少成书的稿本，厘清了徐书与《清史稿》中《儒林》《文苑》两传的关系，从而将相关研究工作向前推进了一大步。类似的例证可举者尚多，均可见其严谨笃实的学风，透过年轻优秀人才的培养，已获得了很好的延续和承传。

三、问题意识与学术创新

除充分重视文献资料的广泛搜集外，祖武先生亦强调从问题出发展开研究。他早年受郑天挺先生启发，开始关心顾亭林因受莱州黄培诗案牵连，康熙七年从北京南下济南府投案，作为一位有影响的明代遗民，其投状时究竟会如何署年的问题。这一问题悬置于心中，前后近二十年，后来读《山东颜氏家藏尺牍》一书，才意外发现其中附有顾氏手笔诉纸，上面赫然署有"康熙七年"四字。由此得出结论，尽管抱持明遗民身份的顾氏，从不承认清朝正朔，但在特殊情况下，为保护自己，也会采取适当的权宜之计，应变时势而有所变通。因此，评价历史人物必须注意具体问题具体分析，既要同情地了解，也不能片面拔高，一皆以实事求是为治史的根本原则。

乾嘉时期的吴、皖学者是否分派，也是祖武先生长期关心的重要问题。他固然注意到章太炎、梁任公主张分派的说法，但也重视钱宾四"吴皖非分帜"的异见，同时更受到杨向奎先生思路的启发："与其这样按地域来划分，还不如从发展上来看它前后的不同，倒可以看出它的实质。"遂沿着杨先生的思路继续向前推进，从前人忽略的细微处入手，最终寻绎到了符合历史实际的满意答案，撰成《乾嘉学派吴皖分野说商榷》一文。文中认为从惠学到戴学，既有继承，也有发展，其中固然有差异性，但也存在共同性，只突出前者而忽视后者，显然不尽合乎历史的本来真实。而仅以地域或门户来区分学派，既难以囊括当时活跃于学坛的众多大师名儒，也不能展示乾嘉学术发展的整体全貌，反而容易遮蔽学者之间互为师友及赓续发展的观察视域。因此，未来如果要重新开辟乾嘉学派研究的新途径，就有必要更多地着眼于百年来的学术演进轨迹多方分析，其中既不能忽视以众多学者为对象的个案性探赜，也应加强学术世家与地域学术的群体活动讨论。

因治顾亭林其人其学而读《清儒学案》，又因顾氏旁涉黄宗羲而读《明儒学案》，祖武先生遂对“学案”一辞究竟应该如何解释，产生了疑问。先是撰写《学案试释》一文（《书品》1992 年第 2 期），综合梁任公、陈援庵、吕澂诸家之说，认为“案”与“按”固然如有的学者所说，二字本来相通，可以解释为按断，即考察论定，则“学案”两字亦暗含今学术史之意，然考虑到禅宗灯录体史籍的影响，似也可以“学术公案”迳释之。前修未密，后出转精，较诸“案”“按”互诠，祖武先生的发挥似更合理。

然而祖武先生的新解并未就此止步，作为一个在学术上精进不已的学者，他始终认为自己的看法仍不够周延，必须重新寻找更有说服力的答案。以此为问题出立发点，他又尝试联系王阳明的《朱子晚年定论》，追问可否以“定论”两字来定义“学案”。同时又认为如此解释并无文献语源学上的佐证，倘若迳释为“学术考查”，或引申为“学术资料选编”，似也未必妥当。最后则将其界定为古代史家记述学术发展历史的一种独特编纂形式，以学者论学资料的辑录为主体，合案主生平传略及学术总论为一炉，据以反映一个学者、一个学派，乃至一个时代的学术风貌，从而具备了晚近所谓学术史的意义。一个积思三十年的问题悬念，祖武先生告诉我答案至今仍不满意，适可见其为学态度的谦逊自律，以及治学精神的严谨笃实。

中国学术的发展，如长江黄河奔腾，前后赓续不断，然又各有其时代特点。前人予以总结性赅括，则冠以先秦诸子、两汉经学、魏晋玄学、隋唐佛学、宋明理学之名，迄今少见异辞，似已无讨论余地。惟清代总结整理传统中国数千年学术文化，尽管少见义理即理论形态真成系统者，然仍可说是名家辈出，贡献巨大。因而应该如何对其做出准确定位，则是祖武先生晚年病中思考得最多，也最想与年轻朋友一起商量解决的大问题。

回顾前人有关清代学术定位问题的看法，从其长时段视域的立场出发，或称“汉学”（如江藩），或称“经学”（如龚自珍），或称“新学”（如康有为），或称“考据学”（如梁任公），或称“朴学”（如支伟成），讨论虽多，迄无定论。祖武先生既稔熟有清一代学术变迁发展源流，自然赞同王国维的说法“国初之学大，乾嘉之学精，而道、咸以来之学新”（王国维《沈乙庵先生七十寿序》）。以自己长期治史的经验衡之，他认为该说很好地总结了清代三百年学术变化和发展的特点，但仍需要采用更简洁的称谓来加以定义，遂主张以“朴学”两字来加以总结或概括，以为非此两字即不足以概括有清一代学术之全貌。

祖武先生之所以主张以“朴学”两字来定名整个清代学术，乃是因为清初兴起反思和批判理学的思潮，相对宋明理学的空谈天道性理，如顾亭林所说“古之所谓理学，经学也”（《亭林文集》卷三《与施愚山书》），便明显表现出以经学济理学之穷的取向，学风已开始朝着朴实的方向发展。乾嘉时代的学者的确以考据见长，但也有章学诚这样的例外，后者主要以史学理论而非名物考证见长，曾激烈批评当时的学术风气，认为“征实太多，发挥太少，有如桑蚕食叶而不能抽丝”（《章氏遗书》卷九《与汪龙庄书》）。四库馆臣也认为三礼“不比《孝经》《论语》，可推寻文句而谈”，因而有必要“本汉唐之注疏，而佐以宋儒之义理，亦无可疑”（《四库全书总目》卷十九“经部礼类一”），表现出折衷汉、宋的治学取向。但宏观整体地看，乾嘉学派和乾嘉学术仍以知识论意义上的“征实”为主要特征，考据不过是其还原事实之真必须采用的一种方法。更能完整全面地反映乾嘉学派和乾嘉学术成就特征的，依然是更能点明其学问实质的“朴学”，而非完全复古的所谓“汉学”。

晚清道、咸之后，面对各种时局危机，《春秋》公羊学开始兴起，经世思潮很快成为时代新主题，会通汉、宋亦成为应变谋新的重要新路径。域外之学的挑激，更带来了不少外部学术诱变因素。但朴实的学风依然有所延续，在“变”之中仍有“不变”者。明清更迭之际，顾亭林所说“读九经自考文始，考文自知音始，以至诸子百家之书，亦莫不然”（《顾亭林文集》卷四《答李子德书》），到了清末仍有张之洞“由小学入经学者，其经学可信；由经学入史学者，其史学可信；由经学史学入理学者，其理学可信”的呼应式回响（张之洞《书目答问补正·国朝著述诸家姓名略》）。而孙诒让的《周礼正义》《墨子间诂》，以及黄以周的《礼书通故》等，也仍在沿着乾嘉考据学的路子向前走。具见朴学之风仍在主盟学坛，并未因新学的兴起而消歇。因此，祖武先生引章太炎“清世，理学之言竭而无余华”之说(《訄书·清儒》)，反复强调清代学术的整体特征，认为即使清末发生了深刻的变化，其整体取向也依然“朴质无华，信而有征”；借用梁任公的表述，也可说是“实事求是，无征不信”（梁启超《清代学术概论·二》）。所以，今天我们既可用“实事求是”四字来归纳整个清代学术的发展走向，也可以“朴学”两字来总结清代三百年间学术变迁演进的具体特征。严格地说，无论较诸“汉学”“经学”“新学”“考据学”任何一说，“朴学”的定义显然更具涵盖性，同时也更符合历史的实际，当然也更允当、更准确，同时更令人佩服祖武先生的卓识与睿见。

从长久的治史经验中发现问题，又以问题为取向查阅大量文献史料，不但寻求问题的合理性答案，更希望借此重新提炼历史研究的新范式，其本身就是推动学术发展的一种重要方法，也是自我创造不断显示生命价值的一种过程。祖武先生并不轻易为文，一旦为文，则多潜藏着重大的问题意识，并步步为营式地寻求可靠的佐证与满意的答案。

四、局部解剖与宏观分析

由于长期研治有清一代学术史，祖武先生一方面颇为感慨清初学者治学气象的博大，另方面又极为佩服乾嘉学者治学方法的专精，同时又与道、咸以后的学者类似，能够因应时代的变化，融通现代学术的各种新知，形成独特的批判眼光和思辨能力，发展出别具一格的胜解独创之学，从而超越了道、咸以后的学者。质言之，由于时代早已前后判然有别，所吸收的思想资源亦大有差异，因而祖武先生一系列的清代学术研究成果，也明显具有与当今思想文化多元繁荣格局一致的不少新特点，理论的形态特征及说服力量都更胜前人一筹，凡有所著均有引领风气之功，不能不说是吸收了大量古典元素的现代新史学的代表性人物。

通观祖武先生的全部著述，可知他一方面重视“专精”，发表了不少个案式研究的成果，显示出局部解剖式观察判断的深刻分析能力，昭明了学术功底的扎实和深厚；另方面又极为注意“兼通”，撰写了大量通贯式探讨的著述,表现出整体俯瞰式把握归纳的驾驭技艺，体现了通盘擘画与梳理的独到与合理。诚可谓“有专门之精，有兼览之博”（章学诚《文史通义·横通》）。二者相得益彰，而皆集于其人一身。

因此，如果说祖武先生早年研究顾亭林，即注意同一时代人物交往之关系，眼光已向左右投射，遂顾及整个清初八十年史实，并将其一一纳诸胸中，从而不断有知识产品问世，可谓之“横通”的话，那么以后眼光又不断向上下投射，由清初而乾嘉，又由乾嘉而道咸，乃至延伸至清末民初，并因此而回顾比较宋明两代，陆续出版不少有分量的著述，则不妨称之为“纵通”。这在方法论上可说是上下左右比观互照，“横通”与“纵通”兼顾，二者不可取一废一，是一种顾及全面的研究方法。其撰作涉及有清一代者，除前已引及之书外，尚有《旷世大儒顾炎武》《清儒学术拾零》《清代学术源流》《清代学林举隅》《学步录》等。其中仅《清代学术源流》

一书，即不独引据赅洽，考证详晰，而且穷流竟源，知人论世，原原本本，厘清有清一代学术变迁发展大势，示人以读书治学入手轨辙，非有渊博之学，弘通之识，即不足以成此巨著。遂在梁任公《中国近三百年学术史》、钱宾四《中国近三百年学术史》、柴德赓《清代学术史讲义》之外，别张一军，自成一家，卓然可与并埒。然而祖武先生仍始终严守谦道，认为无前人之创辟引路，即难有自己的成就；无前人之深挖开拓，亦难想象学术的发展，他自己不过发挥了承上启下的作用。其由众多著述构成的崔嵬楼阁，无不得力于一步一步踏实的功夫，代表了一代学人的清学研究成就，有待更多的后来者去吸收消化和创造发展。

祖武先生凡研究任何问题，无论微观或宏观，向来注意其横向（空间网络关系）与纵向（时间演进关系）之间的联系，重视学派内部的传承及发展趋势，力图揭示其在不同时期的发展规律和特征，所谓“通”并非仅仅局限于有清一代，必沿波寻流追踪至源头为止，深得辨章学术，考镜源流之法。其中最突出亦最值得称道者，即有关学案体史籍的研究。

学案体史籍的兴起、发展和成熟，虽主要在宋、元以后，然仍在编年、纪传、纪事本末之外，别具一格，自成一体。而历来研究史学史者，虽必论及《明儒学案》，但仍少有人将其视为一种独立的史书体裁，更鲜有人对其展开通盘式的源流追溯考察工作。即使梁任公看到其与《伊洛渊源录》的渊源关系，亦不过点到而已，仍缺乏知识谱系的中间连结环节，未能展开系统性的资料爬梳与研究工作。有鉴于此，祖武先生遂以黄宗羲之《明儒学案》为时间坐标，同时从上下两个历史发展方向维度，展开了穷原竟委的探讨工作，撰成了颇具学术史籍专门性的通史著作——《中国学案史》，既展示了其宏观通览的治史眼光，也体现了其主张综合会通的史学思想。

以熟读精研《明儒学案》为基本前提，祖武先生在研究过程中，首先考察了黄氏之书与师门刘宗周《皇明道统录》的关系，以为二者无论体例或内容，均时有相似或雷同之处，前者实承袭或仿效了后者，并加以补充、扩展、丰富和完善，才最终撰成体例如此成熟的学术史专书。而与《明儒学案》《皇明道统录》同时先后成书者，由近而远，探迹寻踪，尚有孙奇逢之《理学宗传》、周汝登之《圣学宗传》、刘元卿之《诸儒学案》、耿定向之《陆杨二先生学案》等，诚可谓相互关联，脉络秩然。惟《伊洛渊源录》最早，当有发端之功，然未必就无远源可溯。以此为基础层层向上探赜，由《新唐志》而《旧唐志》而《隋志》，又由《隋志》而《汉志》而《史记·儒林传》，乃至溯源至更早的《庄子·天下篇》《荀子·非十二子篇》，均可见或载书，或述人，或论学，虽林林总总，名目繁多，详略不同，要皆可见学案体史籍之编纂，或亦深受禅宗灯录体著述之影响，然仍有儒学内部自身前后相续的学术发展脉络可供寻绎，相关学术史体典籍不断层累堆积，从而逐渐由粗入精，由浅至奥，由不完善至完善，乃至由不成熟至成熟，先河后海，积少为多，最终至黄氏结撰《明儒学案》，明显为一集大成之学案史体裁宏著，反映学案史体的发展已完全臻于成熟，蔚蔚然独立为一大国。故《中国学案史》遂采用了由远至近的顺叙方法，出以史家旁征博引叙事之史笔，对其发轫流衍及变化完善的历史全程，作了全面完整的系统阐述和详尽分析。

除了以《明儒学案》为时间坐标，向上追溯至两汉先秦外，祖武先生又由明而清而晚近，考察了依序后出的《宋元学案》《汉学师承记》《宋学渊源记》《皇清经解》《国史儒林传稿》《汉学商兑》《清学案小识》等，认为上述诸书，或宗汉，或尊宋，或褒朱，或扬王，或折衷汉宋，或调和朱陆，均可从中窥见一代学术之盛衰升降，亦足可反映学案体史籍本身之流衍演变，具见清代学术主盟者实为经学，理学发展虽不绝如缕，但毕竟已丧失了活力生机。至于心学，亦由盛而衰，转为潜流，延至清末，才稍见复出声响。民国则有徐世昌《清儒学案》之修纂，其书网罗宏富，卷帙浩繁，虽难免庞杂之讥，多遗错出之讽，仍全面总结了有清一代学术发展变迁全貌，成为传统学案体史籍最后的钜篇绝响。是时梁任公倡导"史界革命"，传统学案体史籍已向现代学术史著述转型。任公本人即撰有传统向现代转型性质的《中国近三百年学术史》，钱宾四亦接踵而起，撰有名同而内容差异很大的同类著述，章节体的学术史从此取代了学案体的学术史，成为相关研究首选的主导性著述体裁。学案之名虽偶或见于学林，然已逐渐成为明日黄花。以后虽时有以学案冠名之著述问世，均不过以旧名写新书而已。《中国学案史》作为专门性的学术著作，则自先秦以迄现代，以整体而全程的史家睿智，历述学案体史籍及其背后的学术思想发展轨迹，考察其形成、产生、变化、发展的历史成因与社会机制，穷尽其产生和发展过程的渊源流别与理路演进特点。全书纵横交错，环环相扣，条分缕析，析理入微，诚乃难得的贯通古今的学术发展叙事通史，具见学术兴替亦关系一国民族精神气节之振颓，从而弥补了既往学术史与史学史研究缺少学案体史籍长程发展观察的不足，发挥了以古鉴今推动学术事业健康发展的重要作用。

由此可见，祖武先生虽以专治有清一代学术史名家，然其背后仍有上下千年的宏阔眼光，遂能在已有长足发展的史学史领域，再创辟出一贯通古今的学案体史籍研究新天地。而透过他的大量研究成果亦不难看到，无论中国学术史或整个思想界，本质上都是在不断发展和向前演进的，否定了发展或演进即否定了整个中国学术史或思想界。

以通识的眼光治学术史，成就通贯有清一代的大量学术史论著，虽断代而仍行通法；同时又以通识的眼光治学案史，成就通贯古今的学案史撰作，虽行通法而不忽视断代，亦为祖武先生治史的一大特点。他的著述如同长幅巨型画卷，一方面注意局部具体的精雕细琢，不乏扎实可靠的个案分析；另方面又重视宏观整体的笔绘彩绣，示人以清晰的历史大势整体格局。诚可谓以专辅博，以博济专，卓识名理，独见别裁。要皆可见时代世运与学术兴替的关系，专精与会通处理得融然无间。而其口述史的及时整理与公开出版，则为我们提供了一个了解当代学人如何取得成就的重要观察窗口。

五、口述史料与实录原则

从文献学的角度看口述史的重要，《论语·八佾》早就有言：“夏礼吾能言之，杞不足征也；殷礼吾能言之，宋不足征也。文献不足故也，足，则吾能征之矣。”郑玄谓“文献”即“文章贤才”；朱熹注：“文，典籍也；献，贤也。”具见“文”乃指文字记录的典籍，即今日所谓书面材料；“献”则为贤人亲口传述之言行，即今日所谓口头材料。司马迁撰《史记》，强调“网罗天下放失旧闻”（《史记·太史公自序》），显然即同时包含了书面与口头两类重要材料。马端临撰《文献通考》，“凡叙事，则本之经史而参之以历代会要，以及百家传记之书，信而有证者从之，乖异传疑者不录，所谓文也。凡论事，则取当时臣僚之奏疏，次及近代诸儒之评论，以致名流之燕谈，稗官之记录，凡一话一言，可以订典故之得失，证史传之是非者，则采而录之，所谓献也”（《文献通考·自序》）。即可见他不惟广采书本记载，即所谓经史、会要、百家传记一类的典籍文献，同时也博取口传议论，即所谓奏疏、评论、燕谈、记录一类成文不文的口述史料。二者相互补充，彼此发明，都可纳入广义的文献范畴。

与古人不同的是，今日的口述史料，其甄采和整理工作，已可利用录音、录像等技术手段来加以长期保存，也可转化为声频、视频等多种形式来加以传播或扩散，以实现向大众普及的目的。当然，更重要的仍是记录并整理为成文文本，发挥中国文字形、音、义三者兼备的优势，以方便他人手执一卷，即可随时阅读与默诵的需要。

前人以“贤”来训“献”，主要是想强调：只有将前贤的言行记录下来，才便于后人透过诵阅的方式，达致学习或仿效的目的。文献世代积累并不断传承，文化就会赓续发展而难以中断。《论语》开篇即云“学而时习之”，“学”字固然可以读解为学习，主要偏重知识论的认和，但更应训释为仿效，主要突出道德论的实践。具见将祖武先生一类德高望重的学者的口述材料，以各种各样的方式记录整理成文，一方面可以方便后学在知识论上取鉴学习，从而薪火相传般地赓续绵延，发扬光大一国民族之学术文化事业；另方面也能在道德论上激励来者仿效振起，从而人人实践性地争做君子，改良淳化一国民族之精神文化风气。这是华夏民族行之远久的一种优良传统，我们决不能轻易低估其历史价值与现实意义。

祖武先生一生的学思经历，作为一种长久凝聚在心中的人生经验，早已转化为他的精神气韵和知识睿智，因而不仅在人格气象上蔼然如春，而且在学术造诣上也功力极深。将其一生经历以口述的方式转化为文字文本，固然重新再现了人格气象与学术造诣背后的心路跋涉历程，可说是语言见证了存在。但更重要的则是后人透过文本的读解，亦可透过文字指涉的大量人生经验与历史事实，重新思考或判断经验与事实所涵摄的实质性思想意义，可说是语言开启了存在。德才兼备的学者的治学经验之所以值得加倍重视，就在于其总是能够帮助我们不走或少走弯路。

正是有鉴于此，贵州省文史馆本着其一贯秉持的“敬老崇文”宗旨，决定采访并编辑出版一套口述史丛书，首选即以祖武先生为优先对象。贵州师范大学王进教授，长期精研细读祖武先生之书，颇有景仰私淑之心，遂经贵州文史馆礼请，主动放弃节假日休息时间，于去年利用国庆长假赴京，前后连续一周，每日上午前往祖武先生家中采访，下午则返回宾馆整理录音。工作之勤勉，几致废寝忘食。故是书之成，王进教授与有力焉。

尤宜称道的是，王进教授擅治政治哲学，尤为关心传统中国的政治哲学问题，同时旁涉学术史领域，所刊论著多受同道好评。尽管祖武先生的著述早已应读尽读，但赴北京前为确保采访质量，仍以重温方式反复伏案补阅，并多方参考其他名家口述撰作，以备采访时提答之切中肯綮，并着手谋划体例布局，尽可能地做到周延完备。故一旦进入采访状态，王进教授善问，祖武先生亦善答，诚可谓“善待问者如撞钟，叩之以小者则小鸣，叩之以大者则大鸣”(《礼记·学记》)，非特叩鸣相应，亦颇相得从容。故祖武先生常笑对人言：“知我一生者，莫过王进。”王进教授亦大有感叹：“进学之道，如春雨润物。”今具录其言于此，不啻一段学术佳话。

然而，事非仅止于此，王进教授返黔后，虽课务繁重，仍反复抽暇整理修改。而每一新稿初成，必邮寄返回北京，请祖武先生审定修改，如此反复不断，最后六易其稿，耗去大量时间精力，终成最后定本。二人一南一北，南之王进教授年方力壮，乃犯寒涉暑执笔，日日精进不已，颇能进乡邦后学之责；北之祖武先生虽衰年病痛，亦坚持逐句逐字披览，终日孜孜不倦，大有老辈学人护惜后进之意。二人虽千山万水相隔，却如比邻整日倾心交谈。可谓素心人方有此道交感应妙趣，岂能不再次谓为学术佳话乎？

祖武先生之大名，我早在20世纪60年代初，就偶尔听先大人提起，是时祖武先生尚在贵州大学求学，我虽记不清提起的具体缘由，但估计必与其成绩优秀有关。改革开放后，时有年轻教师前来拜访府君，相互闲谈必涉及学界掌故趣事，亦往往会有人提及祖武先生。我在一旁侍陪，记得说得最多的，便是祖武先生笔下有义理，文辞亦渊雅，诚乃母校能出史才大家之佳例，以为最当选为学生参考之范文，府君则一概颔首微笑默许之。

其间印象最深的是，一次周末授课后由城返花溪探亲，府君庭训之余，出示一函一书，令我细读。函即祖武先生所寄，字迹遒劲工整，行文颇有古趣；书则为中华书局1986年刚出之《书品》，一刊有祖武先生之《〈明儒学案〉成书时间的思考》，再刊有傅振伦先生之《〈史通〉的刊印流传与研究》。盖傅先生文中述及《史通》一书之版本源流，高度评价府君之《史通笺注》，以为是书乃“发扬刘知幾史学、中国史学的名著，也不愧为刘知幾的功臣。今后进一步整理史学古籍，似是值得取法的”。尤其衡以历来《史通》注家或研究之书，更“欣庆《史通》的研究已进入一个新阶段，深望后起有人，对这部世界史学名著的《史通》，更深入地做全面研究，从我国古代史籍中探求史学源流……以总结出新史学的理论原则，明确今后史学的目的、作用和新任务”（《〈史通〉的刊印流传与研究》）。祖武先生阅后，以为傅先生乃学界大家，其与朱希祖先生皆善治《史通》，评语决不轻易许人，遂将《书品》并手札一通寄呈府君。兹事在祖武先生口述史中亦有述及，具见其虽远在京城，然情系桑梓，义薄云天，始终怀念旧时师友，感恩一切帮助过自己的学人。

先大人要我细读祖武先生的大作及手札，一方面是赞赏祖武先生的人品学问，为他的学业大进感到欣慰，希望我能仿效而不致太过堕怠，另方面则是因为善与善处方能有所进步，希望我能广交一些像祖武先生这样的朋友，从而一心向学并稍有成就。因此，他很快便给祖武先生回了信，并在信中提及我的名字。而我以后每次赴京，亦必去看望祖武先生。会议不期然而然，亦时有见面晤谈的机会。尤要者，祖武先生每有新作发表，我均尽量找来细读，而祖武先生亦多赐我大著宏作，无一不常置案头座右。快读之下，必多受益，故每以亦师亦友视之，颇感性情投契相合，时以不能朝夕请益为恨，愈叹府君用心之良苦。今读祖武先生口述史，回首往事，黯然陈迹，不禁心中怅然酸痛。

祖武先生一生潜心研治学术史，是书以口述方式回顾其一生，涉及的人与事颇多，提供了大量的学人往事细节，其本身即为一部难得的当代学术史。昔钱牧斋有云“夫诗文之道，萌折于灵心，蛰启于世运，而茁长于学问。三者相值，如灯之有炷有油有火，而焰发焉”（钱谦益《有学集·题杜苍略自评文》）。诗文固然如此，史学又何尝例外？故透过祖武先生之口述史，亦可一窥其灵心之妙用，世运之变化，学问之增长，以及相互间之交叉影响。易言之，三者长期交织互动，才有了学术生涯的微细生动内容，有了活生生的人的治学精神，有了人事交往的各种妙趣逸事。加上无论口述者或整理者，都严格恪守实录原则，以为非信史则不足以传人。因此，是书也可视为个人学术档案，浓缩了一个时代的学术信息，具有存史和资鉴的特点，能够激励年轻学者阅后奋起，继续沿着祖武先生走过的道路，如灯之不断加油燃焰，加倍接力式的发扬光大一国民族应有之学术精伸。

浅学不才，自顾疏陋，为祖武先生口述史撰序。有感于祖武先生治学之严谨，王进教授做事之认真，不敢率尔命笔，乃重新遍读祖武先生之撰述，以为无不纲领宏大，考订赅洽，即使口述之作，亦重民族大义，体现气节精神，寄寓之深，非笔墨所能形容。是以不揣固陋，略述感想如上，虽不能称述其学之万一，然亦可为读是书者补充一参考。遂拉杂写下以上文字，敬祈四方读者赐教焉。

壬寅年仲夏谨识于筑垣花溪晴山书屋

引子

我生在贵州，长在贵州，是在新中国五星红旗下成长起来的贵州籍学人。从小学、中学一直到大学，在家乡接受了系统的学校教育，奠定了一生为人为学的根柢。家乡养育了我，赋予我坚定不渝的家国情怀和艰苦奋斗的精神品格，激励我在读书求学的路上一步一个脚印地往前走。

人生暮年，抚今追昔，所历往事，恍如昨日；亲人师友，音容宛在。我能走到今天，做出微薄之成绩，无不受益于国家、亲人、师友之关爱教诲；平生之努力，也在于力求回报于万一。“参天之树，必有其根；怀山之水，必有其源。”“感恩”二字，是我最想表达的心声。

谈口述史

感谢你抽出宝贵时间来给我做这个口述史。耽误了你的时间，真是抱歉！

谈到口述史，现在我们有些学人有点不让人放心，读到好多回忆的东西，回忆者本人往往不能把当时的情况如实地讲出来。其实，自己记不清就是记不清啦，自己在当时扮演一个什么角色就是什么角色，实事求是，不必讳饰。当代一些学人，特别是少数人有这个倾向，当然这不是我们当代学人的问题，古人也如此啊。古人的一些学人没有成大名的时候，那是很谦逊的，到后来成了名以后啊，有些人谈起往事，就越谈越高了。这大概是我们学人的弱点吧，难以克服的弱点。

我想，我们作为一个读史治史的人，还是要讲究“信”字，要把“信”摆在第一位，否则就不叫“信史”了。所以我就希望，你来做这个口述史啊，真实是第一原则。

“沧海一粟”，我只是浩瀚学海中小小一“粟”。如果通过这一“粟”是如何沉浮的，为后人了解我们这个国家、这个民族从20世纪中叶到21世纪初的历史，提供一点帮助，那就感到欣慰了。这个口述史，希望至少后人可以作为史料来用，作为信史的史料来用。所以，你想问什么，谈什么，都可以，我知道就知道，回忆得起就回忆，回忆不起就说不记得了。老一辈待我很好，我都铭记在心。

一　奠定人生根基的“五爱”教育

先从我的姓名谈起

我叫陈祖武，说到这个名字的由来，还有一件有趣的事情。有一年，我去一所大学作讲座。可能因为那次我讲的是顾炎武，所以一位年轻教师就问我，我的名字是否与研究和热爱顾炎武有关？历史上当然有些人因为崇拜某个历史人物或者热爱研究对象而改名，但我则实在不是。我姓陈，名祖武。为什么取这个名字，我也不是很清楚，不过想来可能跟我的祖父和家庭有关。

我很小的时候就听祖父讲“克绳祖武”“昭兹来许，绳其祖武”等古代诗文，这里面有着“祖武”二字。这给我留下很深的印象，但我的名字是否来源于此，我不是很清楚，但想来应该有点关系吧。不过从另外一个方面——也就是训诂学方面来说，“武”有着“足迹。先人的遗迹、事业”的含义；“祖”则有“效法、承袭”的含义，所谓“步武前贤”，由此，“祖武”有着“继承祖先的事功”的意思。我一生从事中国古代历史研究工作，所接触的主要是往圣先贤和过往史事，还多少与这个名字有所契合。当然，这只是一种偶然巧合，不能说这是我的祖父和家人对我的期望。

我走上历史研究的道路，并且一生以之为业，这要感谢我的家庭、我的师友们。没有他们，我不可能有今天微薄的成就。人生夕照，垂暮之年，抚今追昔，反顾人生，感恩国家，怀念师友。“恩重如山”，是我最深的感怀！

我的祖父与我的家庭

我出生于贵州省贵阳市一个旧式大家庭，祖籍湖南茶陵，但何时来到贵州以及何以来贵州，我不是很清楚。我现在住所的附近是国家方志馆，他们屡次邀请我去看看，我也想去，原因之一就是想看看能不能通过方志了解一下这个问题。

我们家住在贵阳中华南路的大公巷。这是一条巷子，北京叫作“胡同”。我们住在巷子里面，巷子口有一家药铺，叫“大春药铺”。前几年我回贵阳，专门请老伴陪同我去看了一趟，但是这个巷子和我们家住的房子和院子都已经不存在了。

我们家也算是一个“殷实人家”吧，我现在还清楚地记得，家中有着一个院子——贵阳人叫“院坝”，院子很大，铺着很大的青石板，干干净净，整整齐齐。每逢夏天和秋天，我和哥哥都喜欢躺在石板上数天上的星星，可见院子很大，清静又干净。家中先后请有几位老奶奶帮工，我至今都还记得她们的模样。祖父出门时，有两位邻家大伯专门负责给他抬轿子。即使新中国成立后，他出诊时依然坐轿子。家中堂屋摆有神龛，供有“天地君亲师位”，还有我们祖宗的牌位。我印象中还有一幅“关羽读《春秋》”的大年画，关羽身边一个周仓、一个关平，关羽在中间看《春秋》。我们家很讲礼，逢年过节，初一、十五，家中要举行隆重的敬神仪式，敬神时除了要上菜，还要摆酒。贵阳过去要摆小酒杯，摆一排，大概六至八个小酒杯。

说到这里，还有一件事让我印象深刻，并且影响了我的一生。大概是三四岁的时候吧，有次我口渴了，看到那一排酒杯，就拿起酒杯喝，一杯一杯地喝，不知道喝了多少杯，结果倒在堂屋中的“春凳”上大醉不醒。母亲做完家务发现后，狠狠地批评了我一顿。母亲告诉我，这是敬神的东西，我们不能用，酒只有神能喝，人不能喝。并且母亲告诉我，喝酒误事，不能喝酒。我一生不沾酒，任何好酒，包括我们贵州的茅台，对我都没有吸引力。这与这一次经历——更主要的是与母亲的教导密切相关。

从表面上看，这是一个典型的旧式大家庭，但或许是时值新旧社会交替的缘故吧，所以家中也有许多时新的东西。我记忆中有一部当时流行的电唱机，也有当时很出名的百代公司的唱片。家中的藏书，除了许多古书和祖父的医书外，也有中国共产党的《学习》杂志，封面上是木刻的毛泽东同志像，这让我印象深刻，还有一本精装的《斯大林选集》。这不但是一个时代的巨大变革的反映，而且或许也可以看出我们这个家庭并不是想象中的封闭与落后。

最关键的还是家庭氛围。整个家庭和睦，有着一种“温良恭俭让”的良好氛围。我从来没有看到哪个人在家里高声说话，疾言厉色，大家都是轻言细语，温文尔雅。这样的环境也影响和熏陶了我，逐渐形成文质彬彬，温文尔雅的个性。我不仅不抽烟不喝酒，还有说起来你可能都不相信，我至今都不会骂人说下流话。

这一切都与我的祖父密切相关，是他奠定和营造了这一氛围。我们家是祖父当家，他是家长。

我的祖父在贵州也算很有名的中医大夫吧，但是他只看病处方，不卖药。有时他也要出诊和应邀到药铺坐诊，新中国成立以后还一度到中华南路联合诊所坐诊。

我清楚地记得，祖父在 1953 年去世——我之所以记得这么清楚，一个原因也是斯大林在那年去世。祖父去世时，家中的院坝摆满了挽幛——当时不兴摆花圈——连整个巷子都摆满了。祖父埋葬在我母亲的家乡苏家寨，路途很远，我作为孙子要参加出殡。出殡时，沿途药铺都设香案。我清楚地记得巷子口的大春药铺摆的是第一个香案，随后是斜对面中华南路的药铺，连较远的箭道街、纪念塔等都设，我印象中看到至少三个香案在点烛烧钱纸。由此可知，我的祖父不但小有名气，而且获得医药界的尊重。祖父去世后，还有黔西等外地的人远道而来找他——他们称为“陈老大夫”——看病，但遗憾的是祖父已经走了。他们那凝固在庭院中的悲痛的表情和消失在巷子中的失望的背影至今依然清晰地留在我的脑海中。记得祖父有一个治疗狂犬病的偏方，记忆中有时有人急匆匆地来到我们家，祖父赶紧给他们开方子，来人拿着方子又急匆匆地离去。

我的母亲是一个非常善良勤劳的人，可以说是一个极端“克己爱家”的人，个子不高。她是贵阳郊区农村苏家寨的人，是一个孤儿，从小就来到我家做帮工，或许也叫“童养媳”吧。也许是这样的贫苦出生吧，她很勤劳、很俭朴，很能吃苦，非常疼爱我们这些她的孩子。她没有多高的文化水平，只是初识字，但是很明理，懂得做人的基本规矩。她经常给我讲为人要诚实，要知羞耻。一个人如果不知羞耻，就什么事都做得出来。“人不要脸，百事可为”，这是她经常给我讲的一句话，给我留下至今难以磨灭的印象。可能很多人知道，我强调学者为学为人要“博学于文，行己有耻”。

山东孔子研究院成立时，我也以这八个字寄语他们，后来他们以之为院训，这让我始料未及，但这确实是我发自内心、一生所倡导的为人为学准则。这诚然与我早年读《论语》，后来研究顾炎武和我一生的遭遇感悟有关，但也与年少时母亲的教导有关，是母亲埋下了最初的种子。母亲一生勤勤恳恳，勤俭持家，既要照顾我的祖父，还要操持整个家庭，她给我留下的印象之一就是终日忙碌的身影。我的父亲在我很小的时候就离开了家庭，加入旧军队，长年在外，留给我的印象非常淡薄。

我的家庭教育

我的祖父和母亲奠定了我人生最初的教育。

祖父是个非常慈祥、和蔼、敬业的老人，我有一个哥哥和姐姐，我排行最小，祖父很偏爱我，他经常给我说，“皇帝爱长子，百姓爱幺儿”。这句话让我始终难忘。他经常把自己喝的牛奶和肉圆子有意留给我。当我懂事和能够做事时，每天一早吃完早餐后就给祖父磨墨，然后远远地看着他给病人号脉和写方子。没有病人的时候，祖父就给我讲书。尽管我们家有很多医书，但他讲的不是医书，而主要是单行本的《论语》，教育我要好好念书，好好做人，才不至于枉来人间。为什么祖父不给我讲医书、讲医术，而是讲《论语》？我想这或许是祖父的深远考虑。我们知道，无论是医术还是其他的技艺，都根基于人。人的品德和修养决定人所做的事的大小和品质。“术”源于“心”，没有关爱他人的“仁心”，也就没有良好的“仁术”。

我们家门口挂有一块很大的黑底金字匾额，镌刻着“是乃仁术”四个大字。我看不懂，就问祖父是什么意思。祖父给我讲“仁”，讲“爱人”，也就是友爱他人。他说，“像我这样为他人治病，病人根据我的方子吃药后好了，这就是‘仁术’，也就是‘仁爱之术’”。祖父告诉我，你从小要爱人、关心人，要懂礼节。祖父很关心体恤劳苦百姓，很多时候，他看到病人没钱，也就免了人家的费用。我亲眼见到，如果贫苦人家发生变故，死人后没钱下葬，就会来找祖父。祖父就给他们开一个单子，然后在上面签名盖章，这家就可以拿着单子到棺材店里领一口棺木。这实际上是祖父替他们付了钱。

后来，贵阳解放时，我们家没有受到多大的冲击，这可能也与祖父一生与人为善、助人为乐有关。当时，为了避免可能的混乱，我们一家就被我们家巷子门口的药铺“大春药铺”接去距离贵阳不远的乡下青岩，直到贵阳局势稳定后才返回城里。

祖父一生行医，但我一点也没有继承，即使是今天我已经年老，但对很流行的“养生”既无兴趣，也无了解，但是祖父“医者”的形象和“仁者”的风范给我留下了终生难忘的印象。可以说，祖父不仅给我们的大家庭打下了良好的基础，也给我的一生奠定了厚实的根基。

祖父还培养了我一生的读书习惯，也可以说这是祖父留给我们的“家教”。在读书方面，祖父可以说是一个榜样。在我的印象中，只要没给人看病时，他都是拿着书，可以说是“手不释卷”。耳濡目染，潜移默化，我也养成了从小喜欢看书的习惯。当然，这也与祖父的有意培养密切相关。我有一个兄长，也就是我的哥哥，长我四岁。很小的时候，祖父就在他的书房里安排位置，让我们写字、看书，等我们长大以后，又给我和哥哥专门辟出书房。我们的书房里摆着“敬惜字纸”的字样，告诉我们要爱惜文具纸张，不能随意乱丢。这一切，都让我们感受到读书的重要。

我们常说“言传身教”。祖父当年给我讲解《论语》和“是乃仁术”，以及母亲的教诲，或可谓“言传”；而祖父行医的仁爱风格和母亲的勤劳节俭，或可谓“身教”。这构成了我最初的启蒙教育。

这样的教育与后来我上学读书所接受的“‘五爱’教育”前后接续，相辅相成，共同构成了我一生为人做事的基础。

我的小学及“五爱”[1]教育

我出生于1943年，贵阳在1949年11月迎来解放。我读书很早，五岁就开始读小学，贵阳解放时正读二年级。

我小学就读的是当时在贵阳很有名的正谊小学，学校的校名来源于《汉书·董仲舒传》：“夫仁人者，正其谊不谋其利，明其道不计其功，是以仲尼之门，五尺之童，羞称五霸，为其先诈力，而后仁义也。”在旧社会，校长是陈寿轩先生。陈先生可以说是旧社会时期贵阳的一个教育家。今天我们学校要升旗，校长要在国旗下讲话，旧社会也有这个仪式，要升旗，要唱歌，要给旗子敬礼，校长也要讲话。陈老先生每周都要给我们讲话。很巧的是，我读书时，级主任——也就是相当于今天的班主任，刚好是他的女公子陈德芳老师。陈德芳老师待我很好。

新中国成立之初，学校改为会文路小学。学校德育实行“五爱教育”，也就是，“爱祖国、爱人民、爱科学、爱劳动、爱护公共财物”，这来源于新中国的《共同纲领》[2]。因为是新中国，劳动人民当家做主了，所以才有“爱劳动”一条，其他几条旧时代也是讲的。后来又将其中的“爱护公共财物”改为“爱社会主义”。学校将五条标语写在大木牌子上挂在学校里。当时的标语不是像今天

① 1949年9月通过的《中国人民政治协商会议共同纲领》第42条规定：“提倡爱祖国、爱人民、爱劳动、爱科学、爱护公共财物为中华人民共和国全体国民的公德。”1982年12月第五届全国人民代表大会第五次会议通过的《中华人民共和国宪法》第24条仍以“五爱”为社会主义公德，但把“爱护公共财物”改为“爱社会主义”。

② 即《中国人民政治协商会议共同纲领》。

这样的大红，而是蓝底白字。陈寿轩校长在国旗下讲话也经常讲，老师们也会一条一条地细致地讲。

“五爱教育”与我从小接受的家庭熏陶、家庭教育完全吻合，用一句时尚的话可以叫“无缝连接”，所以我很快地融合其中，“五爱教育”也可以说在我身上得以完全实现了。以“爱祖国”来说，我爱这个国家，爱得很深，尽管以后受到许多挫折、打击，但我始终爱这个国家，再加上我喜欢历史、研究历史，懂得我们这个国家悠久的历史，国家来之不易。“爱人民”也与我从小接受的“要爱身边的人”的家庭教育相连接，我的祖父是这样教的，也是这样做的，我不但完全接受，没有任何违和之感，反而感到很亲切、很自然。

“五爱教育”，深入人心一辈子，一辈子受益。小学阶段，一个正确的世界观、人生观、价值观和道德观的雏形初步形成。尔后，又经过中学和大学不间断的以爱国主义为核心的教育，“五爱”教育奠定的基础得到升华，架起了通向全心全意为人民服务伟大目标的坚实桥梁。今天，我之所以能够做出一点成绩，应当说基础就是由以中华优秀传统文化为核心的家庭教育和小学阶段的“五爱”教育奠定的。

今天我们国家强调弘扬中华优秀传统文化，指出了一个很好的方向，但是如何弘扬，这是一个需要研究的大问题。过去我们常说传统文化中有“精华”和“糟粕”，要传承“精华”，剔除“糟粕”，但是如何区分，恰是一个很难的问题，须知这两者往往是交织在一起的，很难分，这需要我们在实践中去领悟中国古代先哲的深邃思想。但是，我们的教材要从小学开始，要把历史上的经典有选择地列入课本。就像过去一样，也是列入课本的。至于占多大的比例，这需要我们的教育部门去研究，但是我想，我们一定要把中华文化的特质很准确、很精炼地灌输给我们的学生们，要加深、要引导我们的学生去理解中华文化，走这么一个循序渐进的过程。

整个小学时代，我都是班里的好学生，受到了很好的培养和教育。我的作文在学校被作为范文诵读。每年“五一”劳动节贵阳全市少年儿童和劳动模范联欢，都让我去献花。从五年级到初中二年级，我一直担任学校少先队的大队长。

学校以我为榜样来影响低年级的同学。有一次，一个低年级的同学喊住我说，陈祖武——那个时候都是直呼其名——今天校长在大会上表扬你，叫我们向你学习呢。贵阳每逢“五一”劳动节，都要做一次联欢会，还有节日的演出，我都是献花的少先队员。我记得有一年，在中华南路北段，靠近大十字，那里有个京剧团，和劳模座谈会结束后去看京剧。记得演出是大闹天宫，演出结束后，仍然叫我上台去献花，一个“四大天王”把我一把抱了起来，吓得我有点怕，因为演员是大花脸。

给我历史启蒙的谢志坚老师

我一生从事历史的学习和研究，除了家庭的影响之外，也与老师的启蒙有关。

孩提时代，我们家不仅有医书，也有古书。有朱子的《四书集注》，有《论语》的单行本，等等。祖父也叫我们从小读书，看古书，所以从小就知道什么是“书”，什么是“古书”，这也算是一种无形的熏陶吧。我最早知道《古文观止》，就是我在家中就看过的，看不懂的地方就问祖父，也由此知道我们中国的文学传统。我的古文后来比一般同学要略好一点，文章也写得稍微顺畅一些，可能也与这样的熏陶有关吧。但我对历史的兴趣，还是与上小学后历史老师的启蒙有关。

小学高年级时开设有历史课，上课的是谢志坚老师，我至今都对他印象深刻。谢先生穿的是长袍，戴的是一副深色边框眼镜。他上课不是拿着教本照本宣科，而是将所要讲的内容用生动有趣的故事呈现出来，上多了，就把几个故事串联起来，由此展现历史的脉络与线索。比如谢先生开始讲的就是“祖述尧舜，宪章文武”这八个字。尧是谁？舜是谁？谁是文？谁是武？谢先生用故事一一道来，生动有趣，我至今还记得他讲“烽火戏诸侯”“杯酒释兵权”、吴三桂“冲冠一怒为红颜”等故事。通过生动有趣的故事，老先生把幼小的孩子们吸引到久远的历史传统中去，使我们懂得我们的祖国是一个历史悠久的文明古国。我不知道其他同学的感觉如何，但我很是喜欢。饮水思源，不忘根本，为什么我喜爱历史，并且后来终身以之为业，追根溯源还是要感谢谢先生，是他给了我真正的历史启蒙。

我们中国有着悠久的历史，如何激发年轻的学生去了解，去研究，尤其是在中小学阶段，历史课的教学方法很是重要，这需要高度重视和深入研究。我刚到（中央）文史馆履职时，记者采访我们几个新馆员，我就说，我的愿望就是到小学教历史，这与谢先生给我的启蒙有关。历史启蒙教育十分重要，采取什么样的方式需要认真研究。比如我想，我们给小学生上历史课，是否可以根据小学生的特点，慢慢引导，不要拔苗助长，操之过急，也不能再像过去那样，分为几大块，如经济、社会、文化等去讲。谢先生采取讲故事的方法进行，我就认为很成功。看看能不能把教材的编排和教师的授课结合起来，进行改变，重点把孩子们引导到学习历史的兴趣上来，发挥历史“启智润心”“培根铸魂”的作用；到初中阶段要加深，不能再重复小学阶段的内容。要把小学和初中阶段的教材衔接起来，不能让编小学和中学教材的人脱节。当然，我不是专门做中小学历史教育的人，我只是谈谈一些不成熟的看法，具体需要搞教育的同志们去研究。

二 从贵阳二中到贵阳一中

我的中学及受到的历史教育

我读的初中是贵阳二中。二中的教学水平也是很高的。也有历史课，有中国史和世界史的老师。讲世界史的老师给我的印象差一点，基本上是照着教材念书，加上他又是江浙人，口音比较重，效果不是很好。讲中国史的老师则讲得很好。这位老师叫蒲国基，是湖南人。蒲老师的中国史讲得很好，很生动，像后来读贵大时张振珮先生讲课那样，很生动。他有个侄女，叫蒲筱玲。为什么我印象这么深呢？因为蒲筱玲和我是同班同学。为什么我喜欢中国史？就是因为在小学时受到谢老师的引导，在初中又遇到蒲老师来讲中国史。

我读初中后，还遇到了一位很好的语文老师，叫章宗秀，是位女老师。她很喜欢我，也许是老师喜欢哪个学生就有意培养谁的缘故吧，所以她很关照我。章老师教语文的最大特点是主张朗诵，要放声朗诵课文。每每章老师上新课时，都要叫我朗诵——也许是她知道我要预习课文吧。读完后她又要讲，哪些地方对，哪些地方不对。我也认为这样很好，因为文字，特别是文章，尤其是我们中国的文章，不只是传达信息，而是也讲求文气的贯通、节奏的高下、韵律的协调，总之有着一种美感。要掌握这种美，朗诵是一个很好的办法。

高中时，历史老师老是换，加上又是一些年轻老师，讲得不是很生动，基本上是照着课本读，效果很不好，所以印象不深。那时我已经能自学，他们讲的东西我基本上都懂。只有教语文的谭科模给我留下深刻印象。谭老师文史皆通，上语文时兼讲历史，也算满足了我对历史的兴趣。谭老师教语文是贵阳一中一把手，可能在贵阳都是最好的。

除了语文外，一中的数理化都很强，有“唐几何”“杨代数”。杨先生给我们讲代数，演算完了后，坐在讲台上，用贵阳普通话说，这就是什么是“技术”？这就是“技术”，很有特点。数理化的老师水平很高。校长书记也很好。我记得校长叫韩述明，文质彬彬的，典型的知识分子，所以为什么一中水准这么高，这与校长的水平和修养是分不开的。书记是李文学，是个转业军人。

整个小学和初中阶段，我都是优秀学生。一直到初中二年级退队时，我都是少先队的大队长。无论是老师，还是同学，都很喜欢我。我现在还清楚地记得，在读小学时，由于我们的正谊小学是在斜坡上，下雨时很滑，一些大一点的同学会背着我从学校出来，一直下到平地。这诚然一方面是那个时代淳朴风气的反映，但也可以说是同学之间友爱的表现，也是我的家庭未发生变故时的情况。这样的情况在我读高中后开始出现了变化。

家道中落与人生困惑

我读小学时，家境良好，记得每天去上学，母亲给五百块钱，也就是五分钱，用不完，只需用两百块（两分钱）就可以吃早点，其他的钱就可以存下来，但是这样的情况在祖父去世后开始改变。

我的祖父去世后，家道也迅速衰落，尤其是经济方面，这主要是因为我父亲。我父亲在旧社会加入了旧军队，并且还是副团级军官。解放军进军西南时，他的部队往云南溃退，大概到兴义时，弃暗投明，宣布起义，掉头投向了新中国。我的祖父在去世前给我们家留下了较为丰厚的遗产，但是因为我父亲从军队回来后，没有继承祖父的从医职业，而是从事经商，结果亏空了祖父留下的所有家产。我清楚地感受到，我们家的饮食越来越简单了。我有次生病住院，母亲告诉我，以后要注意身体，不能生病，这次住院的费用，还是她卖掉了祖父给她的手镯才筹齐的。所以，我读《红楼梦》时，对于贾府的衰落很有共鸣，有几分如同身历之感。

在小学和初中阶段，这样的家庭变故并没有影响我的学业和成长，老师和同学们都很喜欢我，但是在进入高中后，这一切都发生了既隐微又显著的变化。

1958 年，我凭着优异成绩考入了当时贵阳最好的高中——贵阳一中，此时我也没有觉得明显的变化，但在 1959 年年初，也就是我读高二时，我却隐隐约约发现周围有了改变，老师和同学们对我的态度不再像从前那样，我清楚地感受到一种遭人冷落之感。这是一种非常隐微的变化，或许只有作为当事人的我才能感觉得到。一个最明显的情况是，我要求入团，老师和团组织都不接待。

并且，尤其让我震惊的是，国庆十周年游行庆典居然都不能够参加。须知以前我曾是节日献花的学生啊。这样一种巨大的落差，让我不仅感受到一种冷落，而且是一种歧视，更严重的是跌入了一种困惑中。

只有一位老师例外，这就是教语文的谭科模老师。谭老师毕业于贵阳师院，即今天的贵州师大[①]。先生高度近视，有点像张新民教授的父亲张振珮先生，看书时都是眼睛几乎贴着书本。谭老师很喜欢我，这可能缘于我良好的古文基础和写作能力，我也很敬重他。谭先生的课讲得很好，文史都很好，这么一个高度近视的人还如此敬业，给我留下很深的印象。

后来我才明白，这一切都与我的父亲有关。大概是“反右”运动的余波吧，他本已“既往不咎”的历史问题被再次提起，并且在1959年年初，在我完全不了解的情况下——我的母亲是否了解，我不是很清楚——突然失踪。最后我们才知道，他被逮捕入狱，直到1975年获特赦，特赦后省政协还邀请他参加一些活动。

如果说以前的家道中落并没有影响我的学业和人生的话，那么这一次则深深影响了我。以前更多的只是思想的困惑，但在高中毕业时则是具体的现实的困境，这时我才切实感受到人生的艰难。在以前，我完全可以畅想美好、广大的未来，比如说到更好的大学去深造，但是此时突然而降的阴云，不仅对于辽阔的未来不敢畅想向往，而且连对即将到来的能否读大学都产生了怀疑。

① 即贵州师范大学。

三 贵州大学的培养深恩

贵州大学的录取之恩

高中毕业时，本来我连想都不敢想能够考大学，所以也没做任何准备。消沉失望之中，也就报了名。因为我喜欢文科，也就报了文科，但根本没想到能够被录取，所以也就同时在打算找工作。嘿，突然，贵大录取了我，并且是历史系录取了我。[①]这让我喜出望外，但随即又悲从中来，并且抱头痛哭——用被子蒙着自己，抱头痛哭。为什么呢？因为没有钱读书。

此时，我要深切感谢贵大。贵大不仅没有嫌弃我的出身，还录取了我，让我得有机会读大学，而且雪中送炭，及时给了我助学金，使我得以读书。也许，这是贵大给我最初的恩情吧，但是我没想到，贵大不仅只是给了我这一份恩情，而是继续予我恩情，这就是我在贵大接受的良好的历史学教育。这是一份影响了我一生的恩情。母校之恩，终生难忘！

① 陈祖武先生被录取到贵州大学读书时，正是陈希文主持贵州大学期间。陈希文（1903—1994），广东梅县南口乡人。1903年12月生于马来亚。青年时代回国求学，1938年3月加入中国共产党。新中国成立后，历任中华全国总工会文教部副部长、工人出版社社长，中华全国总工会七届执委、八届主席团成员。1958年担任贵州大学党委第一书记，1962年1月任贵州大学副校长，1964年辞去书记职务担任副校长，主持学校全面工作，为贵州大学的复校、贵州教育事业的发展贡献了毕生心血，直至1980年8月离休。曾任全国政协二届委员、贵州省五届人大常委。

贵州大学奠定了一生学问的基础

贵大不仅录取了我，而且四年大学期间，我还享受了全额助学金，这要感谢贵大。

那时我的大姐已经成家，她每个月给我五块钱，买生活用品、文具等，使我得以维持最简单的大学生活。我的大学生活是非常艰苦的，我不知道还有谁有像我这样的大学生活没有。一年四季，我就是一套衣服、一双鞋子，苦不堪言。花溪距离贵阳十多公里，每次回家，我都是走路来回。这确实很苦，但从另外一方面讲，也锻炼人，所以就知道刻苦读书。这样刻苦读书的习惯我是保持了一辈子。贵大四年，我每天的生活就是宿舍—教室—图书馆，刻苦读书，能够找到的书都读，所以我对贵大的图书馆最有感情，最为熟悉。

贵大有着比较完备的图书资料，除了学校图书馆，还有系里的资料室。藏书很丰富，有常用的书，也有不常见的资料。我认为系里资料室办得非常好。如果要看不常见的资料，要办手续。贵大四年，我看书主要在系里资料室。学校图书馆有一个很大的阅览室，还有很多报纸杂志，我几乎各种杂志都看，包括自然科学类的。图书馆有着一位老馆长，很好，很随和，好像是北京籍的。我记忆深刻的原因是，老馆长好像有两个女儿。大女儿经常和我们大学生一起看文艺活动。小女儿的丈夫就是后来担任中国社会科学出版社总编辑的宋立道教授。宋教授是研究宗教尤其是佛教的。

当时我们历史系这一级（61 级）只有十三个学生，其中有三个女生，还有一个人是休学留级下来的。学生虽然少，但并没有影响贵大历史系严格、完整的教学体系和培养要求。

历史系有完整的中国史和世界史的教学体系。中国史不仅有古代史、近代史，而且有现代史；世界史也有古代史、中世纪史、近代史、现代史，而且还有专门的美国史、日本史等国别史。基础学科有历史文选、写作基础等，还有马克思主义经典作家论历史科学，也还有请民委的老专家来讲授的民族史、民族理论等民族问题课程。我不知道贵大历史系今天的情况如何，但相对来讲，当时的历史学科课程体系还是比较完整的。这或许也可以说明，一间大学的学科建设、课程设计等教学内容对于培养学生来说，也相当重要。

除了系统、完整的学科和教学体系外，给我最深印象和影响的就是雄厚的师资力量和一大批优秀的老师。雄厚的师资和完整的教学体系相辅相成，如果没有这些老师，也无法保证它较为完整的教学体系。

历史系当时有很多老师，具体数字我不是很清楚。我清楚地记得当时给我们上过课的老师，他们都是水平很高的好老师，如姚公书先生、张振珮先生，还有曾昭毅先生及其夫人李雪华老师。

姚公书先生当时是系主任，过去好像在南京金陵大学当过助教，抗战时期来到贵州。姚先生年事已高，不能上课了，只是有时碰到一些重要的节点与大家见见面，讲讲鼓励的话。

曾昭毅先生是副主任。曾先生研究生是人大毕业的，他的课认真细微，一丝不苟。他讲《历史文选》，一字一句地讲，很负责任，把我们的基础打得很牢。

杜文铎先生讲近代史，讲得很好。是杜先生把我引进近代史的大门。吴廷栋先生也讲这门课，他为人随和，后来任全国政协常委，每次来北京开会，都会打电话给我，我也去看望他。

侯绍庄先生是青年教师中较拔尖的人，讲唐宋经济史。

讲世界史的李祖唐先生、宋子海先生，还有一位讲日本史的邝炯燊先生[①]。

讲历史文选的除了曾先生外，还有两位先生，我一时想不起他们的名字，这门课是分段来讲，有不同的老师去讲。

整体来说，贵大历史系的老师留给我的印象都很好。尤其是很多老先生上课根本就不拿讲稿，胸有成竹，从容不迫，娓娓道来，很受学生欢迎和佩服，给我留下深刻的印象。不拿讲稿上课的效果当然要比拿讲稿要好。一些年轻的老师在这个方面虽然不如老老师，但也非常敬业。

非常有幸的是，从母校毕业三十多年后，大概是2000年前后，有一次回母校。当时我的高中同班同学薛赛凤教授任贵大副校长，专门邀请了一些老师，如曾昭毅先生的夫人李雪华老师、讲世界史的林振草老师和讲史学理论的廉士琦老师等见面，使我得以见到当年的这些老师，当面向他们表达感谢和致敬。

我在家庭和中小学接受了初步的历史启蒙和教育，贵大的历史教育继续了这一教育。贵大四年，我们接受的不仅是很系统、完整的历史学科的基础教育。在基础越打越牢，格局越来越大时，也初步接触了治学的基本门径和方法，治史的基本门径是摸到了，知道往后怎么去深入治史，为后来治学打下了基础。而且尤其值得一提的是，历史系有目的地给我们讲美国史、日本史，这也是选得很对的，因为这两个国家不仅是当时，也是今天有影响的国家，对它们的深入了解，不仅有利于学生的培养，而且也有利于国家将来的建设。这也反映了当时学校和主持历史系工作的教授的长远眼光和宏大格局。同时最重要的是，老师们，尤其是张振珮先生的治学精神和师者、长者风范给我产生了深远影响。

除了系里的良好氛围外，学校的氛围也很好。你刚才说到陈希

① 邝炯燊（1911—1985），1934年毕业于中山大学社会学系，后赴日本东京帝国大学留学，1945年以后，长期任贵州大学历史系教授。

文校长，我记得他说话像南方人，可能不是两广人，就是福建人，威望很高，很擅长演讲。我讲个花絮，如果不是那时念书的人，可能很多人都不知道。有一次开全校师生大会，就在大礼堂，陈校长讲话，其中有一个内容，我印象很深刻。那时大学生不允许谈恋爱，陈校长专门提到中文系一个男生“不知羞耻”，给化学系的一个女生写恋爱信。信中说“你不要嫌我个子矮，列宁同志的个子也不高啊！”不仅如此，而且去军疗时，还给人家护士的口袋里塞求爱书。陈校长说，这太丢我们贵大的脸了。陈校长虽然在大会上批评了他，但没有点他的名，给他保留了尊严，也没有处分他。

我基本上没见过学生的吵架，也没有见到学生谈情说爱，大家都是急匆匆地夹着书奔走于教室和图书馆，整个学校弥漫着一种好学上进的学习风气。师生之间的关系也非常好，非常融洽，学生见到老师都要停下来鞠躬，即使是不认识的老师，也要侧身让老师先行，有着一种礼敬老师的良好氛围。学校也很少大红鲜艳炫目的布标条幅，整个学校很清净，是个读书的好环境。贵大校园本身就比较雅静，再加上这么一种氛围，环境与氛围显得很和谐。

当时的贵州大学是一个以基础学科见长的大学，没有工科，我印象中好的学科主要有中文系、历史系和数学系，当时也还没有哲学系。

我们也可以看出，一间学校的育人是多方面的，既有刚性的制度，比如教学体系等，也有优良的师资，也当有一种健康活跃的氛围风气。其中尤其重要的是氛围风气，这可以从一个侧面看出我们的大学办得到底如何。

完整的教学体系、优秀的师资群体、丰富的图书资料和活跃的学校氛围，使我得以暂时忘掉家庭出身带来的阴郁和艰苦的生活，完全投入到学习当中。这不仅为我未来改变人生奠定了基础，也使我的大学生活较为愉快。

张振珮[1]先生对我的两次学术启蒙

当时贵大有很多名气很大的先生，如中文系的张汝舟先生，我旁听过他的中国文学史；历史系的旗帜是姚公书先生，这主要缘于他的资历，从南京过来，又给许多老一辈大家当过助手；还有图书馆的成启宇先生。张振珮先生反而名气不大，但我终身受益的恰好是先生，与先生的联系可能也最多。

振珮先生当时讲《历史文选》和《上古史》。在我的印象中，那时讲古代史最好的就是张振珮先生。张先生那时大概有五十多岁吧。作为一个一生治史的学人，我知道“六经皆史”这四个字，就是从老先生课上得知的，也知道什么叫“以经证史”“以诗证史”。张先生长于以经典来讲上古史，《诗经》《尚书》《周易》等经书都在他使用的范围之内。对于这些经典，他非常熟悉，信手拈来。这也让我懂得，只有充分占有文献、熟悉文献，你才能够做到游刃有余、从容不迫。除了方法论外，张先生的那种对教学高度负责任、对事业高度敬业的精神对我一生的影响也很大。贵州冬天很冷，教室里既无炉子，也无暖气。冷得老人家一边讲课，一边流鼻涕。但是老人家不为艰苦环境所左右，仍然引经据典、津津有味地给我们讲上古史。在文献学的基础知识方面，也是振珮先生给了我最初的指引。虽然后来我到社科院读研究生时，是张政烺先生给我们讲历史文献学，特别是版本目录学，使我最终得以登堂入室。但是我终

① 张振珮（1911—1988），笔名晓容，滁州人。1934年毕业于安徽大学文学院中文系，师从姚仲实、罗根泽、周予同等著名学者。长期任贵州大学历史系教授。有《成吉思汗评传》《岳武穆》《左宗棠》《张博望》等著述问世。

身铭记张振珮先生最早给我的启蒙。“文献”在古代有两个含义，一是指典籍，一是指贤人。张振珮先生的博赡学识与人格修养正是“文献”二字的生动体现。

我毕业离开贵大后，有很长时间与张先生失去了联系。1986年，我终于得到一个机会与先生联系上了。是什么机会呢？当时中华书局办有一个杂志，叫《书品》，感谢中华书局的厚爱，他们约我一篇文章。1986年，我就送了一篇文章过去，是《〈明儒学案〉成书时间的思考》。杂志出来后，我感到很意外，他们不但把我的文章排在前面，而且还放在封面，与一些名家大家并列。那时我才四十多岁啊。那一期也刊登了傅振伦①先生的一篇文章，正是这一篇文章使我与振珮先生得以联系。

傅先生虽然不是历史所的，但他待我很好。我最初认识他是在80年代初，在中国历史博物馆开座谈会时，后来老先生还送了我一本他关于方志学方面的论文集。傅先生治学范围很广，也很有成就，尤其是方志学方面，堪称大家，我关于地方志的知识是先生教给我的。

傅振伦先生的文章是评论此前一段时间出版的一些史学书，其中就提到张振珮先生的《史通笺注》一书。我一看就很高兴。须知傅先生是前辈学人，能入他的法眼，那是多么的不容易，所以兴奋之下，多年没给老人家联系的我，就写了一封信，向他报告这件事，同时也汇报这么多年来我的情况。想不到过了不久，老人家回了信，还给我寄了一份《史通笺注》的《勘误表》，其中还有老人家手写的补充文字，所以我既有贵州人民出版社遵张

① 傅振伦（1906—1999），男，河北省新河县人，历史学家，文物博物馆学专家，中国国家博物馆研究馆员。1929年毕业于北京大学史学系。著有《中国方志学通论》《明代陶瓷工艺》《中国伟大的发明——瓷器》《刘知几年谱》《中国史志论丛》和《博物馆学概论》等。

先生嘱咐所寄的《史通笺注》，也有老先生的《勘误表》。遗憾的是，我不知道老人家的书信夹在哪本书里了。如果说大学时代的“六经皆史”是张先生对我的第一次学术启蒙，那么逐字逐句地恭读《史通笺注》，则是接受先生的第二次学术启蒙。正是这两次启蒙，尤其是二度启蒙，把我带进了古籍整理与研究的大门。

我记得老人家的字写得很小，因为他的视力不好。信中他还告诉我，他有一个孩子，叫张新民。我知道新民同志就是通过老人家的这封信。老人家与我谈家事，我想这也可说明，不仅是我牵挂老师，而且老师也视我为非一般学生。老人家还说，孩子也治历史，望以后多多关注他、照顾他。这封信写于老人家去世前两年，或许也算临终之托吧。

张先生的嘱托我是始终记在心里，但可能你不知道，我这个人不会假公济私、以权谋私，利用权限去照顾自己和他人。说起来很惭愧，这么多年，我没有完成老人的嘱托。只是在后来，我看到新民主持的一些学术工作，特别是清水江文书这样的重大项目，虽然很有学术价值，但由于是新发现的文书，加之又是贵州地方文献，很多人未必了解，所以我尽己所能在社科院历史所和其他场合做一些宣传、解释和说明工作。社科院历史所新的领导对新民的印象也极好，认为为人为学都是一个很好的学者，对他主持的学术工作也高度认可。

令人欣慰的是，尽管我没有做到什么，但新民完全通过自己的努力，也取得了重大的成就。新民的学问做得很好，很多是开拓性的贡献，如阳明学尤其是黔中王门、清水江文书的收集整理、创办贵大中国文化书院等。我记得有一年社科院文史哲学部在中国文化书院开会，来了很多学部委员，大家都很认可和喜欢书院。这些年来，新民教授对于历史学科，尤其是贵大的历史学科、贵州学术的发展，都是做出大贡献的。这完全是新民自己刻苦努力、辛勤劳动的结果。

作为振珮先生的哲嗣，新民很好地继承和发扬了老先生的风范，可谓“善继人之志，善述人之事”的典范。可能也是太过用功的缘故，新民与老先生一样，眼睛后来也不好，但是还能如此努力，做出这样大的贡献。振珮先生地下有知，可以为之含笑九泉了。

作为振珮先生的学生，或许我也在另外一个地方发扬老先生为人为学的风范吧。前几天我还在历史所谈到，我后来跟随杨向奎先生念书，最后选择了学术史研究。杨向老[①]在我们那一届有三个弟子，大师兄是北大历史系1962年毕业的；二师兄也是北大毕业的，与我同年进大学，只是当时北大是五年制，所以晚我一年毕业。他们两位后来都做政治史，只有我做学术史。我们在跟随杨向老读书不到一年的时间，也许是老人家觉得我基础尚可，还是做学术史的材料吧，所以就叫我从顾亭林的《日知录》起步，做一代学术史的研究。这固然与杨向奎先生因材施教有关，但也与张振珮先生的学术启蒙有关。从张先生启蒙，到追随杨向老终身以清代学术史为功课，这是多么可珍惜的学脉啊！

① 为表示尊重，祖武先生提到他的老师杨向奎先生一般不直呼其名。——整理者注

马克思主义历史观的初步萌芽

对于历史研究来说，确立何种历史观至关重要。这个方面，贵大也起了很大的推动作用。这主要与一门课程和两本书有关。

当时系里开设了一门课程“马克思主义经典作家论历史科学”。上课老师是廉士琦老师，川大毕业的，与侯绍庄老师都属于当时的骨干教师、青年才俊。这门课对于我的马克思主义历史观的形成起了最初的推动作用。我很喜欢这门课程，但当时没有教材，只有讲义，快到毕业时，才由人民出版社出版了《马克思主义经典作家论历史科学》这本书。我很喜欢这门课，所以就专门买了这本书。同时我还买了郭老[①]主编的另外一本书。当时郭老主编《中国史稿》，最先出版的就是《近代史》部分，我也买了。当时我的经济很困难，但还是节衣缩食坚持买了，由此可见我的喜欢程度。这两本书一本是讲马克思主义历史观，一本则是史观的具体运用。两者相辅相成，可谓珠联璧合，交相辉映，对于马克思主义历史观的教育有很大的作用。买郭老的书，也与我喜欢近代史有关，这与杜文铎、吴廷栋两位先生讲授中国近代史有关。

这两本书也有一点故事，可能也有趣。后来我到社科院跟随杨向老念书时，我们一共有三个同学，其中大师兄毕业后没有留在北京，而是去了青岛，到海军潜艇学院教书。当时我送他走，对他说，我没有什么礼物给你，考虑到你去以后肯定要教近代史课程，所以把这本书送给你。只是抱歉的是，由于我经常读，保护不好，所以

① 为表示尊重，祖武先生提到郭沫若先生一般不直呼其名。——整理者注

书都快翻烂了。《马克思主义经典作家论历史科学》则不知道放到哪堆书里去了。

我之所以坚信马克思主义的历史观，与早期熟读这两本书有关。后来毕业离开贵大时，将这两本书随身带到昆明，经常阅读。我把这两本书读得很透，几乎把书都读散了，所以后来我向郑天挺先生请教清史时，之所以能产生共鸣，就与这两本书有关，尤其是郭老的书。后来跟随杨向老念书后，继续系统阅读马克思主义的经典著作，如《共产党宣言》《资本论》《哥达纲领批判》《反杜林论》《国家与革命》等。毛泽东同志的书我也读得很多、很熟，如《新民主主义论》《论联合政府》《正确处理人民内部矛盾》《实践论》《矛盾论》《中国革命与中国共产党》等。这些我都下了苦功夫，从而使我坚定了马克思主义历史观。

历史观对于历史学研究至关重要，回顾改革开放以后的历史研究，不得不说，我们受到西方史学的严重影响，对之过于迷信崇拜，以至于在研究中出现了一些较为严重的问题，如所谓"新清史"的主张以及历史虚无主义的沉渣泛起，等等。对这些现象，我们都应该保持高度警惕。要纠正这些问题，我们就必须要正视、反思我们的历史观，其中尤其重要的是学习马克思主义历史观。当前，特别是要认真学好习近平新时代中国特色社会主义思想，用"以史为鉴，开创未来"的高度历史自觉，把我们的历史教学和研究工作做得更好。

我的本科毕业论文及发表的第一篇文章

我几乎一生治清代学术史，但当时贵大的清史教学和研究并没有给我留下特别深刻的印象。贵大给我的更多的是宏观、基础的教育，在具体的研究领域方面，还不明确，这可能也与当时还是本科阶段注重基础有关。但是贵大这样的教育，给了我们一种宏大的格局、宽广的视野和深厚的基础，为我们将来从事某一具体领域或问题的研究打下了坚实的基础。也因此，我的本科毕业论文并不是古代史方面，也不是清史方面。

我本科的毕业论文是《论中国抗日民族统一战线》。之所以选这个题目，也与老师的教学有关。这主要缘于一位教中国现代史的姓冯的女老师，名字我一时想不起来了。冯老师毕业于华东师范大学，她上课上得很好，影响了我，加上这是最后学的课程，所以我就选了这个题目。资料主要依据除了毛主席的著作外，就是李维汉同志的那篇文章[①]。李维汉当时是统战部部长。后来李维汉的儿子李铁映同志到社科院任院长，初次见到他时，我还想起这篇论文。

我一生与文字相伴，也发表了若干文字，回想起来，我第一篇文章恰好就是在贵大读书期间发表的。那是一篇很短的小品，完全是不知天高地厚的产物，写完后就直接寄给了《光明日报》。

具体是怎么回事呢？当时我在报纸上看到著名漫画家华君武先生的一幅漫画，叫《谈虎色变》，讽刺我们的一些同志言行不一。我看了后就写了一篇小品，谈感想，述启发，寄给了当时《光明日报》

① 李维汉同志1964年年初发表的《统一战线是中国人民争取胜利的一个法宝》。——整理者注

的“东风”副刊。那时没有稿纸，就从上课记笔记的本子上撕了一张，并且还用了笔名，具体是哪一个我忘了，好像是“余愚”或“史兵”——也就是“史学界的一个小兵”的意思，完全是不知天高地厚。寄后也没管，随后1964年冬天就到晴隆参加“四清”去了，直到1965年春天回来时，惊奇地发现《光明日报》给我寄来了稿费——我的小品居然被发表了。

这完全是不知天高地厚，但或许也可从另外一个方面讲，正是母校贵大及历史系良好的教育，给了一个学生勇气和自信的一种反映吧。须知当时我的家庭出身所带来的阴影还在，经济的困难也还困扰着我，而我还能有这样的心境、这样的信心、这样的能力去写这样的文章，这也从另外一个方面反映了贵大教育的成功。她不仅成功地将一个学生从对个人困境的忧虑中拯救出来，而且还成功地培养了他的学习和写作能力。虽然这样的困境在我大学毕业时再次浮现出来，但是我还是要深切感谢母校让我得以专注于学习。

四 在昆明度过青年时代

来到昆明

1965 年我大学毕业。很奇怪的是，我没有被留在贵州——特别是我还是贵州人，就更加奇怪了——而是被分配到云南昆明。这是我完全没有想到的。从此在昆明呆了 13 年。这是对我产生了深远影响的时期。

昆明是一座很特殊的城市，气候宜人，是著名的“春城”，抗战时期著名的西南联合大学也在这里。在昆明时期，我参观了联大旧址、联大纪念碑和联大教师所居住的地方，以及黑龙潭等景区，流连于自然山水，沉浸于人文遗迹。这一方面慰藉了我，但也使我为不能从事历史研究感到痛苦。

我不仅在昆明成了家，而且还加深了对社会的认识，最关键的是，还使我最终“归队”——走上了最钟爱的史学研究道路。我很怀念和感谢这一段人生历程！至今我说话，还保留了昆明的部分口音。有一次我参加一个会议，一位熟悉云南的同志还问我是不是云南人呢，因为我说话有昆明的尾音。

与工人们的深情厚谊

到昆明后，我们暂时住在云南饭店，等待云南省人事厅的分配。不止我一人，还有很多名牌大学的学生。最后，很奇怪，其他大多数人都到了边疆而我居然被留在了昆明。我分到昆明粮食学校，教语文而不是教历史，因为那时没有历史课。不到一年，“文革”开始，学校随即停课。乱了几年，到了1969年，学生全都去了边疆，到西双版纳等地当知青去了。学校宣布停办，我们这些教师也被“随意”安置——我认为是“随意安置”，因为那时国家很乱。

我被安置到昆明东郊一个粮食转运站，每天的工作就是收发粮食、扫仓库、扫火车皮，吃了几年苦。有一次，扫的车皮是装过炭黑的，就是做电池用的材料，扫完后浑身都是黑的，从头到脚，里里外外，内衣内裤，都是黑的。可见其苦。做的都是体力劳动，身边也都是做体力劳动的装卸工人。但我和他们相处很好，诚然，一方面他们有着世俗的习气，但也有着勤劳苦干的优良品质。这样的品质打动了我，当然，恐怕也和我发自内心地愿意学习他们的优良品质有关系。可以说，与这些普通劳动者相处的这几年，接受他们的熏陶，还是很有益处，也是我人生的一笔财富。

大家都很同情我。其中一个驾驶员，姓苏名自文，经常来转运站拉粮食。有一天，他对我说，“陈老师啊”——尽管我也在扫地，但他们都叫我“老师”，那个时候民间百姓对读书人还是比较尊重——每次我看到你在站台上的大风中扫地，就让我想起“苏武牧羊”。他这句话，让我意外而又很感动。意外的是我没想到一位开车的师傅还能够说出这样的话，由此我想他可能也读了书；

感动的是他的话又激发和鼓励了我。说实话，长期从事这样的工作，我难免有时黯然神伤、顾影自怜，但我没想到我的身影给他这样的印象，这就又让我更加坚定了不能与世浮沉、自我沉沦的心志，而是必须要自尊自重、奋发振作。所以，即使在这样的环境中，出于从小养成的读书习惯，出于对未来的信心，我也始终坚持读书学习。

我们也由此成了好朋友，是真正的像兄弟一样的好朋友。我离开昆明后，我们家的一些家具还是他给我们打的。我们家最老的一个衣柜，是他给我们打的，送给我们的。柜子的木料也是他提供的。后来他患了癌症，还来过北京治病。他离开人世的时候，正好赶上我去昆明探亲。我专门赶到医院去送别他，直到看着他离开人世。当时他穿着毛衣，躺在病床上，我把他扶起来，抱在怀里，昆明的冬天也不冷，我记得他浑身是汗，我亲自感受到他的体温，这又让我想起当初他给我的温暖！我们是真正的兄弟一样的感情。他去世后，只要我有机会回昆明，都要给他上坟，去看看他。

还有小苏的一个朋友，是修车的工人师傅，名叫甘锋，我们三人成了很好的兄弟。他现在还在，我们一直有往来，直到近来我生病后，他还会每个月打电话来问我的病情。他们两个年龄都比我小，尊我为兄长，而且他们也喜欢读书，他们认为我比他们有学问，所以很尊重我，一直喊我“老师”。这么多年，直到现在，还活着的这位兄弟，虽然 75 岁了，也还这样称呼。这一方面有尊师重教的传统影响，另一方面也是人家也看到你品行好，又能读书做学问。

我自己分析、解剖我自己，最近这几十年，我的个性就是“与世无争，逆来顺受”。我从来不和谁计较。为什么会形成这么一个个性呢？这可能与我的一生的经历有关吧。小时候成长环境很好，家庭教养也很好，学校的“五爱”教育打的根柢也很坚实，所以就形成温文尔雅、勤奋好学的个性。进入高中以后，世态炎凉，被人歧视，自己想进步，人家都不让你进步，想进共青团，人家也不让进，后来又饱受磨难，没想到人生如此艰难，所以慢慢就变成这么一个“与世无争，逆来顺受”的个性了。任何东西，你给我，我感谢你；不给我，我也根本不在乎。

与云南擦肩而过

粉碎“四人帮”后，因为要清算“四人帮”的罪行，很多部门成立了办公室，需要工作人员。这个时候，可能有关方面想起在昆明东郊还有一个读书人，所以就把我借调出来，到昆明市级机关办公室工作。工作的主要内容就是写批判“四人帮”的文章以及一些临时性的公文。当时在粮食局写的宣传毛主席关于粮食、备战备荒的指示，比如《手里有粮，心里不慌》《脚踏实地，喜气洋洋》等，大版的文章啊，《云南日报》是整版刊发。不止这一篇，还有其他宣传毛主席的思想的文章。但这些文章都没署我个人的名字，而是署粮食局“写作组”或者“大批判组”，完全是单位、集体的名称，但是《云南日报》由此知道我了。为此，报社理论部的负责同志还来机关看过我，也曾经来找我参加笔会等活动。在云南写的公开发表的大版的理论学习文章，大概就是这两篇，都不是历史学论文。这样的工作让我得到写作的锻炼，也让我得到广泛阅读报纸杂志的机会，也算一种学习。

在机关办公室时碰见了一位好心人，差点改变我的命运。

这位好心人是位中层干部。那时机关干部的工作作风还是不错的，经常到基层调研。有次这位老同志带我到昆明西北郊外的一个企业调研。回来的路上——我怀疑这是有意安排的——经过云南省社会科学院[1]门口时，他对我说，我带你进去，找个地方喝口茶，也让你认识一位老同志。结果把我带到历史所所长侯方岳先生的办

① 云南省社会科学院成立于1980年。此当为云南少数民族社会历史研究所。

公室。这位干部对我很关照，把我的情况以及到机关后做的工作都给侯方岳先生讲了，讲得很详细。然后侯所长又问了我的情况，如读了什么书、在大学听过哪些课等问题。

最后侯老先生看来有底了，就说好吧，如果你愿意来我们研究所，很欢迎，但要改行，改做民族史，因为云南是多民族地区，不能再做清史了——因为我告诉他我喜欢清史。随后老先生就从书架上拿了两本论文集给我，是关于凉山彝族自治州社会性质讨论的集子，还有一些散的论文。说，你拿回去看看，然后写一个读书报告给我，我们再考虑如何安排。哎呀，这样就很好了。我想，只要能“归队”去读书、做学问，尤其是回到自己最爱好的历史学方面，我就很高兴，所以回去就看这些材料，很快地写出了读书报告。

在机关工作时，与以前在粮食转运站不同的是，我可以看到各种报纸，尤其是《光明日报》，我经常阅读。恰好这个时候，《光明日报》公布恢复研究生招生制度，并且公布了第一批招生单位。记得清史专业有北大、人大，（社科院）历史所也招。我很快将这个消息报告给侯所长。实际上侯所长也知道，因为他也看《光明日报》。他说，我知道了，但是你最喜欢的郑天挺先生所在的南开大学没有招生啊。不过，现在公布的简章上人民大学的尚钺同志、社科院历史所的杨向奎同志，都是我的好朋友，如果你愿意报考他们的研究生，不管哪一位，我都可以写推荐书。为了支持我，老先生还把他看的《清代通史》——就是萧一山写的，那是萧先生二十八九岁时写的——上下两册借给我看。我过去在贵大念书时，根本不知道这本书，也没有哪位先生讲过，更不可能在图书馆借到。那是我第一次看到这本书。应该来说，这本书对于我准备考试带来了很大的益处。后来我就报了杨向老的研究生。考完后去还书时，也给侯所长讲了报考的事，同时也给他说，感谢他的好意，但不麻烦他推荐了。

正在我准备考试的时候，侯所长也在准备给我办理调动手续。同时，有关方面也给我落实政策了，正式把我调到云南民族学院，就是今天的云南民族大学。因为当时民族学院正在筹建历史系，就把我从粮食转运站调过去了。所以，也不用麻烦侯所长费心调我去历史所了。侯先生知道后，专门给云南民院的院长马曜先生打电话介绍我。马院长也是一位老领导，与侯所长一样新中国成立前都是地下党，所以我到民院报到时他亲自接见了我。虽然我没有去成云南历史研究所，但对侯方岳先生的错爱和提携，我是终身纪念和感激。

在云南民院工作时，作为年轻教师，我还去听过李埏先生的课。但他不知道，直到 1995 年在香港中文大学开会，会后我陪老先生散步，才与他谈及。他的公子李伯重与我很好，可能是李先生回去后与他谈过。伯重从厦门大学毕业后也来社科院经济所工作，所以我们这么多年一直有交往，虽然不密切——因为我这个人不大喜欢交往，但伯重隔段时间也打打电话问问我的糖尿病病况。伯重的学问做得很好，有家学，有师承。他的唐宋经济史承自其令尊李埏先生，明清社会经济史则继自导师傅衣凌先生。傅衣凌先生的课我也听过。傅先生来北京开会，也给我们讲过课。

方国瑜先生、李埏先生和侯方岳先生都是云南的著名学者，对于云南文教、学术事业的发展做出了卓越贡献。后来李埏先生走（2008 年）后，云南大学编撰纪念论文集[1]，可能是伯重给云大讲的吧，云南大学让我送篇文章过去。因为我几乎不做宋史，几乎不专门写宋史的专题，但恰好有一篇讲朱熹的《伊洛渊源录》，属于

① 武建国，林文勋，吴晓亮主编：《永久的思念——李埏教授逝世周年纪念文集》，云南大学出版社，2011年版。

宋代学术史，我就把它送给他们用了。这或许也算我在云南短暂工作过的一个纪念吧。

我们学人一生读书求学，经历其实很简单，平淡无奇。然而当重大历史机缘突如其来的时候，有些事情不仅会改变历史的走向，我们个人也会随之而同步向前。我曾经就此想过，如果有关方面早一点落实政策，或者侯所长把我早一点调到民族研究所；而国家又不恢复研究生招生制度，我又没有报考研究生的计划，那我就可能长期留在云南了，可能也就没有今天的我了，我也没有机会见到后来见到的那些大家，听他们的课了。所以啊，历史的机缘是说不清了。虽然我在民族学院工作的时间很短，但是我仍然要感谢他们，因为我在社科院读书时，拿的就是民院的工资，使我有了一定的经济保障，直到我毕业留在社科院后才停止。

在云南时，我认识了我现在的老伴。我 1965 年 10 月到昆明，她则是 1966 年 2 月从天津去支援边疆的青年财贸职工。1970 年夏，我们在昆明成了家，生儿育女，含辛茹苦，自此相濡以沫一辈子。1981 年我毕业留在社科院历史所后，直到 1985 年，她和一双儿女才从昆明来到北京，全家由此才得以团聚。来北京后，她一直在中华书局做财务工作。

郑天挺[1]先生指引我走出云贵高原

我之所以能离开云贵高原到北京，应该说是郑老[2]指引的结果。我能在历史所立定脚跟，按照正确的方向，传承老一辈的学风，郑老的教诲可以说至关重要。

1977 年，因为我已借调市级机关工作，可以看到《光明日报》等重要报刊。记得先是读到关于研究生招生制度改革的文章，随后又有相关的讨论文章。8 月份，大概是 8 月 27 日，我读到郑天挺先生的一篇文章。文章揭露和批判“四人帮”对教育工作的破坏，讲以后如何让教育战线的工作快上，并且以清史研究为例，谈论历史研究和教学今后工作的方向问题。当时我很激动，很兴奋，就不知天高地厚地给郑老写了一封信。我给郑老讲了我的学历，我的处境，我的愿望。这封信还在，原件承郑先生的公子郑克晟教授妥善保存，感激不尽。

没想到过了几天，郑老给我回信了，是亲笔信，信很短，记得大概就是一页。郑老说，现在国家正在考虑恢复研究生招生制度，但还没有最终确定，你好好准备功课。

次年（1978 年）年初，国家果然正式恢复研究生招生制度。我 3 月份报名，因为当时的简章没有郑老所在的南开大学，于是我就报了社科院历史所的清史专业，报的导师是杨向奎先生。大概是五月份吧，我收到社科院的初试通知和准考证。恰好这时郑老的电

① 郑天挺（1899—1981），原名庆甡，字毅生。福建长乐人。1917年入北京大学国文系。1952年调任南开大学历史系教授、系主任。1963年任南开大学副校长。代表性著作是《探微集》和《清史简述》。还主持点校《明史》，与翦伯赞共同主编《中国通史参考资料》。

② 为表示尊重，祖武先生提到郑天挺先生一般不直呼其名。——整理者注

报也来了，内容很简单，就是“欢迎报考南开大学”。啊呀，这下我就很着急，马上跑到电报局给郑老回电，然后又写信讲详细情况。——很可惜，郑老给我的电报和最初给我的那封信，南北搬迁，都不知道夹在哪本书里了。倒是我给郑老写的几封信，在克晟教授家里还能看到。——后来我又专门跑到位于五华区的招生办公室，看看能否改志愿。他们说，报考资料我们早就寄到北京去了，不能改了。结果一考，居然让历史所看上了。

研究生考试

研究生初试是在昆明考的，考得还好，我自己都没估计到。尤其是外语，我学的是俄语，居然达标。为什么考得还好呢，那时是开卷考，允许带工具书，带辞典，那对我们来说就不用怕了。因为虽然离开学校多年了，不用俄语，但语法还是记得。我的得分在当时来说还是比较好的，78 分。这在当时是很好的分数了，完全出乎我的意料，所以后来我到社科院读研究生时，外语分班是把我分到高级班啊。是否考政治我都忘了。专业课考试内容主要是考基础性的知识，考中国通史和清史一般性的基础知识，这样的风格显然不是杨向老出的题。我有基础，因为这么多年我没有荒废学业，所以考试时，头也不抬地奋笔疾书，我坐第一排，连监考的人都过来围观。

7 月份吧，我接到复试通知。通知我到北京，到历史所来复试。复试时杨向老没有来，而是郭老的秘书王戎笙先生来的，当时他是清史室主任，由王先生主持复试。他首先做了自我介绍，然后介绍了一下历史所和清史室的情况，鼓励大家放松，把自己学到的知识充分反映出来。复试也没有面试，也是命题作文。这次试题显然是杨向老出的——我常说，杨向老是大家，从出题上就可以看出，气魄很大，不是考死记硬背的。——他出了两个题目，任选一个写篇文章。在两个小时内写出一篇文章。一个题是“论康熙”，一个题是“论乾隆”。恰好这两个帝王我平时都有一些积累。心里很有底。头也不抬按时交卷了。后来我听历史所的一些老人悄悄告诉我，当年我是考得最好的一位，所以就被录取了。

如果没有郑老的指引和鼓励，我就不可能走下云贵高原；没有杨向老的赏识，也不可能到历史所。

郑天挺先生对我的两次教导及其深远影响

郑老不仅将我引领出云贵高原，而且还以他史家的见识对我的学术生涯产生了深远的影响。我对郑老感激不尽的就是他曾经两次接待我。

在北京复试完后，我专程去天津拜望郑老。郑老在南开大学东村四十二号家中接待了我，把他的几本书送给了我；又鼓励我说，向奎同志学问很好，你好好跟着他念书吧。杨先生是 50 年代中从山东大学调到历史所的，而郑老的公子和儿媳妇都曾在历史所工作过，所以郑老认识杨向（奎）老。郑老还说，北京和天津距离很近，你有什么事要来找我，随时都可以来。这是郑老第一次接待我，在他家。

第二次是郑老过世前（1981），他来北京开人大代表会。散会前，把我叫到复兴门外海军大院招待所。这一次就谈得很长，将近两个小时。我曾经写过一篇文章回忆这一次谈话，收在三联书店出版的《郑天挺学记》[①] 这本书里。那篇文章中有些内容没讲，我今天就补充一下。实际上郑老还给我当面讲，要树立马克思主义的唯物史观，要讲历史辩证法，不能把历史问题简单化，一定要充分占有文献，还具体谈到清史研究中的许多问题。

结合我的毕业论文顾炎武研究。郑老说，你跟向奎同志研究顾炎武，我有一个问题，不知你思考过没有？康熙七年顾亭林因受莱州黄培诗案牵连，从北京南下济南府投案，他投上去的状纸

① 冯尔康，郑克晟：《郑天挺学记》，生活·读书·新知三联书店，1991年版。

会署什么年？是署“康熙七年”，还是别的什么呢？我说我没思考过。可见老人家考虑得很周到，即使是这一次简单的谈话，也是有准备的，老一辈师长之心让人感动。

这个问题一直遗留到90年代中，我担任历史所副所长后进入国家图书奖评委会。一次评奖过程中，见到一套《颜氏家藏尺牍》，其中有一封顾亭林写给颜修来的信，信后就附着当时投到济南府的状纸，署的是“康熙七年”。我这才恍然大悟，郑老是在提醒我，在分析历史问题时，一定要从具体的历史环境出发，不要片面拔高历史人物。虽然顾亭林是明遗民，不承认清朝正朔，但如果投到官府的状纸还用干支纪年，就要被杀头，他自然不会这么做。

郑老还专门讲，对历史事件、历史人物、历史现象，一定要把它摆在具体的历史环境中去，注意它的前后左右的广泛联系。这就是历史辩证法。不要轻易下结论，一定要做到“字字有根据，句句有来历”。他说，现在有些人要替吴三桂翻案。郑老斩钉截铁地说，这是一个铁案，是绝对不能翻的。如果翻了，中华民族就没有民族大义了。

郑老还说，你往后做清史研究，清代的民族关系值得关注。他说，我们要总结清王朝将近三百年的治国经验，有些经验是值得我们借鉴的。其中有一条，比如他们的上层贵族对民族问题的处理。

郑老的话过去了几十年，今天回顾起来，仍然具有指导意义。这几年我们的民族研究有着很多问题。我们不能只讲“自治”，还要讲中华文化的认同；讲中华民族的“多元一体”时，多讲“一体”，多讲“一体”统领之下的“多元”，如果我们把“多元”与“一体”对立起来，那就错了。对少数民族，我们要尊重他们的文化习俗和切身利益，但是也要积极引导他们融入整个中华文化、中华民族中来。如果不如此，就没有民族大义，没有大是大非了。

说到“清朝”，有一个流行的提法叫“满清”。追溯这个提法，是在晚清反满的特定背景中出现的，特别是在民国初年很流行，在此以前是没有的。因为清王朝不是满族一家的，而是整个中华民族的，所以清朝不可能以此自称本朝。须知把中国历史上的某一个王朝限制为某一个狭隘的民族所有，这不但违背历史事实，而且也不利于国家的长治久安。近些年西方的所谓的“新清史”，就是如此，这需要我们保持高度的警惕。新中国成立后，中央为了维护民族团结的大局，尊重少数民族的权益，所以有些满族的同志就给上面上书，说“满清”这个提法有民族歧视的成分，也不利于民族团结和国家安定统一，建议不要再使用。国家采纳了这个提议，后来有关部门还发了通知，所以我们史学界从新中国成立后一直到改革开放前，我们做清史的行当，包括邻近的行当，都不会称清朝为“满清”。你可以看出老一辈文章中也从来不称“满清”。但是到了改革开放以后，港台的一些文艺作品，尤其是香港如此，他们都称“满清”。由于大家不重视历史观的学习，不重视基本史实的学习，也让它们一股脑地涌进内地，先是在文艺界，又从文艺界影响到学术界，肆意流行，泛滥成灾，以至于我们的一些年轻人谈清朝，也称“满清”。这虽然是一个细节，但大风起于青萍之末，千里长堤溃于蚁穴，细节实际上不细啊，如果放任这样的细节滋长蔓延，它们会影响民族的团结和国家的统一。

我做清史这么多年，我经常讲，我们要从长时段来看清朝。清朝初年，满洲贵族确实施行过高压政策，但是这样的高压政策把国家的乱局控制住了。随着局势的稳定，后来它们又成功地实行“崇儒重道”的文化政策，尊崇孔子，提升朱子在文庙的从祀地位。这样满洲贵族就合乎逻辑地成为中华文化当然的传承者、继承人，达到这个效果后，又开博学鸿儒科，把广大的知识界中的精英吸纳到自己的身边。所以，清初统治者的文化政策的调整，对于清朝的由乱而治，在文化心理上提供了无形的保障。但是由于早期那个剃发易服的恶劣影响，又在民族的文化心理上造成了久久不能平复的隔阂，所以一到晚清，国家经济、政治、社会的危机加剧，就出现一个反满的运动，产生了“满清”这个说法。所以，我们要从长时段的来看历史的趋势，才能看出问题。

在此，我想提出一个类似的问题来讨论，如果你赞成，可以呼应；如果不赞成，就不要理它。这就是这些年啊，也就是改革开放这几十年，我们的成就是空前的，中华民族大踏步前进也是空前的。可以说，在人类历史上，应该说我们中华民族创造了一个奇迹。这是在中国共产党的领导下，走中国特色社会主义道路创造的人类奇迹。但是我们也要同时看到，这四十多年，在经济高速发展的后边，文化建设严重滞后的问题。要看到我们的民族素质与经济高速发展不同步的矛盾，一定要看到这个矛盾。因此有一些不好的倾向，一些社会心理问题——姑且我把它叫作“社会心理问题”。——比如说，急功近利、唯利是图、金钱至上、个人主义以及历史虚无主义，等等。在历史上，这些坏习气在我们优秀文化里是没有位置的，我们的优秀文化也不希望它们成为我们民族道德的组成部分。但是现在这些东西沉渣泛起，甚至一度甚嚣尘上，酿成一种“小富即骄”的社会心理。这种心理和急功近利相结合，发生共振，影响到我们的社会风气。所以可以看到一些文艺作品，甚至是学术作品，盲目地自负，出现什么“大中华”“大中国”这一类的话。如果我们不加修正，不但是不尊重历史事实，而且在对外交往方面，也是授人以口实。你想，西方的政客和一些御用文人，来攻击我们的中国，来攻击我们的中华文化，他们就认为我们中华文化是利己文化，说我们有称霸倾向，如果我们不加反思，这就不好了。西方始终把中国历史上的

“天下”概念理解成世界，但实际上我们的“天下”是个历史范畴，它随着历史的演进在不断地变化、充实。在中国古代，它的内涵确实越来越大，越来越深，但始终没有离开一个历史的主流，那就是“天下”始终讲的是中华民族的事，是中国范围内的事。到了今天，“天下”的范围已经扩及世界，那就当具体问题具体分析了。所以，社会心理问题是个学理问题，不是政治问题，需要好好研究研究。

由“大中国”“大中华”和“满清”的误用，我想再谈一下史学界出现的一些不好的倾向。比如一旦讲到中国古代的王朝，都要冠以“大”字，如“大秦”“大汉”“大唐”“大明”“大清”等，这是小富即骄、急功近利的社会心理在作祟啊。实际上，按照历史学界几千年的常识，只有当朝称自己时，才加上一个“大”字，因为一是他们自己没有自信心，二是为了显示上下尊卑的关系。从来没有后朝称前朝为“大”的，没有，没有这个常识。现在都称“大”，好像一称“大”，就会引起社会的重视和大家的兴趣，实际上是一种不健康的社会心理的反映。

我们治史，既要看到历史的大势，又还要把基础打牢，要一点一点地积累，要循序渐进，这是中华文化的优良传统。郑老继承了这一传统，所以他强调宏观的历史观，又注重微观基础的研究。应该说，郑老对我影响很大，治史的历史观，方法论，还有治史的见识，如何培养自己对历史大势的认识，如何去把握治史中关键性问题的认识，都是郑老教给我的。

后来社科院让我主持历史所工作十年[①]，实际上，这十年，我是把郑老那一次与我的谈话的教诲都贯彻到治所的实践中去。

① 1998—2008年，陈祖武先生任中国社会科学院历史研究所所长，此前（1993—1998）任副所长。——整理者注

前些年，我们学术界和社会风气不是很好。但是我个人认为，相对来讲历史所还是一块净土。我们不急功近利，不做那些“短平快”的东西，评职称时也不看你有多少书，哪怕你只有一篇文章，如果写得好，也要给你评职称。我在历史所用的四个字“求真务实”，继我之后，不但得到主持历史所工作的同志们的认可和接受，而且在历史所建所六十周年的纪念座谈会上，时任社科院党组书记和院长的王伟光同志在讲话时，讲话的题目也是《继承与弘扬求真务实的优良传统》。由此可见，“求真务实”得到了院、所上下的一致认可。大家都认为“求真务实”是历史所的好传统，所以历史所这个好的学风算是留下来了、传下来了。这也是郑老教诲的结果。

想不到那次谈话后，郑老回天津不久就去世了。郑老是为我引路的大恩人，我在与郑老他们老一辈的接触中，学到了很多做人、做学问的宝贵道理。我对郑老饱含深情，也有一种特别的亲切感，这可能与我自己认为的在气质性情方面，我们个人之间的相近类似有关吧。

郑老在1981年年底，12月20日，离开了人世。这是我没想到的。他去世后，也是我的授业老师之一的张政烺先生写了一篇长文[①]悼念他，对郑老一生的为人为学做了全面的回顾和公允的评价。郑老与张政烺先生相识多年，相知也深。悼念文章题为《忠厚诚笃　诲人不倦》，张政烺先生以此八字来概括郑老，我是感同身受，非常赞同的。其实，如果就用这八个字来缅怀张先生，那也最是恰如其分的。[②]

① 张政烺：《忠厚诚笃诲人不倦　悼郑天挺先生》，刊于《中国史研究》1982年第2期。

② 陈祖武先生当年没有看到这篇文章，在接受访谈时经访谈者提示后才看到，看完后做了上述补充说明。——整理者注

五 负笈京城

社科院的研究生岁月

1978年10月，我进入社科院开始研究生阶段的学习。众所周知，这是一个特殊的时期，国家刚刚经历十年“文革”，可能大家都有一种像鲁迅先生所说的“度尽劫波”今余在的心情。郭老激情四射的《科学的春天》也刚在《人民日报》发表[①]，整个国家和社会都洋溢着一种欢欣鼓舞的气氛。

郭老号召“老一代的科学工作者老当益壮”，“为我国科学事业建立新功，为造就新的科学人才做出贡献。”同时也“祝愿中年一代的科学工作者奋发图强，革命加拼命，勇攀世界科学高峰。”认为“你们是赶超世界先进水平的中坚，任重而道远。”激励大家“古人尚能‘头悬梁，锥刺股’，孜孜不倦地学习……更加专心致志，废寝忘食，刻苦攻关……趁你们年富力强的时候，为人民做出更多的贡献吧！”郭老最后以诗人的激情号召，“春分刚刚过去，清明即将到来。‘日出江花红胜火，春来江水绿如蓝’。这是革命的春天，这是人民的春天，这是科学的春天！让我们张开双臂，热烈地拥抱这个春天吧！”

无论是在“文革”中饱受磨难的老一辈知识分子，还是被耽误了青春年华的年轻人，都被激发起来。在欢欣鼓舞的同时，大家都有一种“时不我待”的紧迫心情，犹如郭老所言“赶超，关键是时间。时间就是生命，时间就是速度，时间就是力量”，所以都很勤奋努力。历史所集中了一大批老先生，当时顾颉刚[②]、

① 1978年3月31日，郭沫若在全国科学大会闭幕式上发表讲话《科学的春天》，该讲话后来刊载于1978年4月1日的《人民日报》。

② 顾颉刚（1893—1980），江苏苏州人。著名中国现代史学家、民间文艺学家。1920年毕业于北京大学本科哲学系。是中国历史地理学和民俗学的开创者、古史辨学派的创建人。主要论著有《古史辨》《崔东壁遗书》《当代中国史学》《汉代学术史略》等。

侯外庐[①]、尹达[②]、杨向奎[③]、王毓铨[④]、谢国桢[⑤]、张政烺[⑥]、孙毓棠[⑦]、胡厚宣[⑧]等中国史学界第一流的专家都还健在。老师宿儒，大家硕学，交相辉映，毕会于前，使我们这些学生眼花缭乱、激动不已之时，也激发了我们珍惜时机、勤奋努力的向学之心。我此时

① 侯外庐（1903—1987），当代著名史学家、思想家和教育家。原名兆麟,又名玉枢,自号外庐。1936年与王思华翻译出版《资本论》第一卷。新中国成立后，曾任中国社会科学院历史研究所所长等职。著有《中国古代社会与老子》《中国古典社会史论》（又名《中国古代社会史论》）、《中国古代思想学说史》和《中国近世思想学说史》等.

② 尹达（1906—1983），姓刘名燿，字照林，又名虚谷，笔名水牛。1932年毕业于河南大学。新中国成立后，曾任中国科学院历史研究所副所长等职。是中国著名的历史学家和考古学家，著有《中国原始社会》《中国新石器时代》等专著。

③ 杨向奎（1910—2000）。1931年考入北京大学历史系，从史学大师顾颉刚、傅斯年受业。1956年（一说为1957年）调任中国科学院历史研究所任研究员、明清史研究室主任，曾主编《文史哲》杂志，创办清史研究刊物《清史论丛》，著有《墨经数理研究》《自然哲学与道德哲学》《哲学与科学——自然哲学续编》《引力与熵》《中国古代社会与古代思想研究》《中国古代史论》《中国屯垦史》《西汉经学与政治》《大一统与儒家思想》《宗周社会与礼乐文明》《清儒学案新编》（一、二卷）、《绎史斋学术文集》《繙经室学术文集》等。

④ 王毓铨（1910—2002），明史专家、秦汉史专家、古钱币学专家。山东莱芜人。新中国成立后，先生从大洋彼岸回来报效祖国,长期供职于中国科学院历史研究所，主持明史学科工作。著有《中国古货币》（英文）、《我国古代货币的起源和发展》（又名《中国古代货币的起源和发展》）、《明代的军屯》等。

⑤ 谢国桢（1901—1982）字刚主，常州武进人，是我国著名的明清史家、版本目录学家，曾任中国社会科学院历史研究所研究员。著有《明季奴变考》《顾亭林学谱》《明清笔记谈丛》等。

⑥ 张政烺（1912—2005），山东荣成人。著名古文字学家、历史学家、考古学家、文献学家。1936年毕业于北京大学历史学系。师从金石学家马衡、甲骨文经文学家唐兰。1966年进入中国科学院历史研究所任研究员。著有《关于伪皇族案及〈长沙古物闻见记〉》《宋四川安抚制置副使知重庆府彭大雅事辑》《〈说文〉燕召公〈史篇〉名丑解》等重要学术论文，编写了《中国考古学史》讲义，参加中华书局二十四史点校工作，负责《金史》的点校整理。

⑦ 孙毓棠（1911—1985），江苏无锡人。1933年8月毕业于清华大学历史系。1952年后一直供职于中国科学院（1978年后为中国社会科学院），1959年1月起成为历史研究所研究员直至去世。

⑧ 胡厚宣（1911—1995），河北保定。1934年北京大学毕业。1956年下半年，进入北京中国科学院（今中国社会科学院）历史研究所工作。是集八十余年甲骨文出土大成的《甲骨文合集》（十三册）一书总编辑。

已有35岁了，年纪在这批研究生中属于中等偏上吧，“时不我待”的感觉更加强烈。尽管我在“文革”前已经大学毕业，接受了较为完整的大学教育，相对那些没有接受大学教育的人来说较为幸运，同时毕业后也没有完全放弃读书，但毕竟属于自我摸索，没有得到进一步深造的机会。不小的年龄和求知的渴望使我不敢有丝毫懈怠，所以在整个社科院求学期间，也特别勤奋刻苦。

我个人的情况又较为特殊。那时我们一家四口，分在四个地方。老伴在昆明，儿子在天津，女儿在贵阳，我在北京。老母亲也在。正处于“上有老，下有小”的中年时期。那时工资很低，五十多块钱，全家生活和我的读书，全靠这点工资，拮据与窘迫可想而知，我的生活仍如求学贵大时那般清苦。

生活虽然清苦，但当时的学术氛围确实是很好的。国家图书馆当时叫北京图书馆，是我们经常去读书的地方。有时为了得一个位置而不得不凌晨四五点钟就爬起来去图书馆，中午就啃一个冷馒头。社科院良好的学术环境和北京丰富的资料来源，加上得到诸多史学大师的悉心指导，使我们的学问日渐长进。在这三年的研究生院生活中，我经常以“时不我待”四个字来鞭策自己，只争朝夕，孤灯相伴，苦读清儒著作。可以说研究生院的读书生活让我受益终身，研究生院的养育深恩，我是终身难报。

当时顾颉刚、侯外庐、尹达、杨向奎、王毓铨、谢国桢、张政烺、孙毓棠、胡厚宣等中国史学界第一流的专家，除了侯外庐和顾颉刚两位先生年纪大、身体不好，不能讲课外，其他人都给我们上过课。各位先生根据自己的所长给我们讲专题，如胡厚宣先生讲“甲骨文和商代史”，王毓铨先生讲“汉代民数和经济”，孙毓棠先生讲“中西交通和中国古代人口大迁徙”，等等。另一门课是历史文献学，由谢国桢、张政烺先生讲授，张先生上课时还带着自己的助教李学勤先生。此外，我们清史专业的三个学生还有自己的专业课，张政烺先生就给我们讲过《四库全书总目》专题。

过去历史所也招过研究生，但学生从来没有这么多过，所以也不知道怎么办学。上课也不是像今天这样规范，规定有多少门课，也没有学分。所里、院里，还有院外有许多老专家学者，就请他们排着队给大家讲课。很多老师不是开课，而就是讲几次，甚至一两次课，有点类似今天的讲座或者专题。讲课时间长短根据具体情况而定，比如张政烺先生和谢国桢先生讲版本目录学，次数就稍微多一点。至于在京求学及留所之初的若干年间，我听过授课和当面聆听教诲的学术大家及前辈名家，感谢时代的恩赐，真可以说是遍及四方，不胜枚举。诸如北京大学的邓广铭先生、周一良先生、商鸿逵先生、许大龄先生，北京师范大学的白寿彝先生、何兹全先生、赵光贤先生、启功先生、陆宗达先生，历史博物馆的傅振伦先生、史树青先生，故宫博物院的单世元先生、朱家缙先生，中央民院的王钟翰先生，民族所的翁独健先生，吉林大学的金景芳先生，复旦大学的蔡尚思先生，武汉大学的唐长孺先生，厦门大学的傅衣凌先生，暨南大学的陈乐素先生，以及台北史语所的王叔岷先生，等等，兼师多益，受教终身。

本科与研究生教育的不同

本科阶段是打基础的时候，具体到学历史来说，作为一个历史系的学生，对中国历史和世界历史，一定要有系统的知识，虽然不是很深入，但一定要系统。这是基础，对治史为业的人来说，这两个基础一定要打牢。尤其是中国史的基础，一定要打牢。回顾我在贵州大学读本科时，或许可以概括为一句话，“良好基础，初识门径”。贵大的本科教育给了我良好的基础，我不敢说我的中国史基础有多牢，但我个人体会，我这一辈子是用上了本科时的系统、基础知识。其次，还让我初识了治史的门径，但进一步的专精和真正登堂入室，还是在进入社科院读研究生以后。

在研究生阶段，就是深化了。此外，还要掌握前沿问题，具体到我做的中国古代史研究来说，要掌握古代史和中国史，甚至历史学科的前沿问题。哪些是前沿问题，你得说出过一二三来。虽然你也许不去研究它们，但你要知道，要说得出来。另外，对于你选定的方向问题，你要去深入，这在本科阶段是不可能深入的。本科阶段只能讲给你基本的知识，让你有一个基础。你要把这个基础打牢，为往深处走、往高处走做好准备、奠定基础。对此，杨向老比喻得最深刻。他说，如果你作为一个治史的人，知识没有广阔的积累，就像一根电线杆一样，再高也经不住大风的吹。你应该像埃及的金字塔一样，基础很坚实很广阔，最后你才能达到最高点。我一来跟他念书，他就给我讲，要多读书，什么都读，特别要勤奋。

杨向老喜欢早睡早起，晚上八点多钟就睡了，早上两点多钟就起来了。他讲他抗战时期在兰州，在西北，当时恰好后来在北师大教中文的一位系主任也在西北。杨向老说，当时我们一起在西北共事，我们两人的房间挨着，中间有个窗户。每天早上杨向老起床，一开灯，发现隔壁的灯也是亮着的。杨向老就说，哦，你也起得早啊。结果那位先生说，我还没有休息呢。杨向老说，趁年轻，要多读书，多工作，只要合理安排好作息，每天哪怕工作十五六个小时，也是顶得住的，关键是不要熬夜，要早睡早起。

当研究生后，你要选择准备深入的方向，当然这和指导教师有关系。指导教师要从实际出发，因材施教。比如说我的两位师兄，他们都没有做学术史，而杨先生在第二年就叫我做学术史。这就是因材施教的结果。你一旦选定了方向，就要向专深的目标去努力，不能泛滥无归，什么东西都去碰，那一定解决不了问题。

学术研究就是一定要解决问题。这是不止一位老一辈教诲我的。不管你讨论的问题有多大，但它首先必须是一个问题。有些是前辈没有解决的问题，有些是前辈没有发现的问题。对于前辈没有解决的问题，你能深入去发现，那也是对学术发展的贡献；对于前辈没有发现的问题，你发现了，虽然你解决不了，但是你提出来了，那也是很大的贡献。发现问题和解决问题具有同样的价值。这也是我在历史所得到的一个知识。不解决问题的文章，千万不要去写；不提出问题的文章，千万不要去写。写文章一定要写一篇就解决一个问题，或者提出一个问题，引起学术界的重视。所以，我 1986 年那篇文章[①]，中华书局为什么看重，把它摆在《书品》首页上，和好多大家排在一起，我估计就是我提出了前辈大家上百年来没有怀疑过的问题。实际上我这一辈子做的全

① 陈祖武：《关于〈明儒学案〉成书时间的思考》。该文后收录于“中央文史研究馆馆员文丛”之陈祖武：《学步录》（2021年3月第一版，中华书局），题为《〈明儒学案〉成书时间的思考》。

都是老一辈没有解决或者甚至老一辈没有碰过的问题。我就是按照历史所老一辈给我的教诲，几十年就是这么走过来的。

我从本科毕业到读研究生，中间隔了 13 年，尽管其间我始终没有放弃读书，但毕竟属于自我摸索，到研究生后，有幸得到了一批学术大家的指导，治史才真正登堂入室。相对于贵州大学的本科教育，具体来说，主要体现在两个方面，一是马克思主义历史观得到强化，使我真正坚定了唯物史观，二是在专业领域得到系统、全面的深化。

坚定马克思主义唯物史观

我在贵州大学时，已经接受了唯物史观的初步教育，有了唯物史观的基本知识，来社科院后，这一萌芽得以成长为参天大树，滋养了我一生的学术研究。所以讲与贵州大学的衔接，首先是历史观的衔接。

历史所是党中央、毛主席决策建立的，所以才会把一流的史家尽可能调进来。因为毕竟是党中央的决策，要贯彻中央的方针，所以历史所从建立之初，就很重视马克思主义的学习，是坚持历史唯物主义的重镇，郭沫若、侯外庐、尹达、梁寒冰、林甘泉[①]等先生是这方面的代表。我来到历史所后，除了那些大师讲的历史知识外，就是理论上的深造，具体来说就是马克思主义历史观的学习。

我进所的时候，郭老已经去世[②]，侯外老[③]还在，他们都是马克思主义历史学大家。郭老的《中国史稿》在提供历史知识之时，实际上也为我的清史研究指明了方向。当时虽然侯外老身体不好，已经坐在轮椅上，不能给我们讲课了，但是他的书我们可以拜读。给我们讲历史理论的是尹达先生，尹先生也是一位老革命，也是延安时期马克思主义老史学家。杨向老也是重申社会史和思想史研究必须结合。我进入历史所读研究生时，杨向老给我讲授马克思主义

---

① 林甘泉（1931—2017），福建石狮人。1954年起供职于中国科学院历史研究所。主要从事中国古代经济史、秦汉史研究。主编及著有《中国封建土地制度史》（第一卷）、《郭沫若与中国史学》《中国历史大辞典·秦汉卷》《从文明起源到现代化》《中国古代政治文化论稿》等。

② 郭沫若于1978年6月12日去世。

③ 为表示尊重，祖武先生提到侯外庐先生一般不直呼其名。——整理者注

经典著作和唯物史观时，每每叮嘱，要好好向“甘泉同志”学习。林甘泉先生是马克思主义历史学家，从此，“甘泉同志”便以榜样而铭记于心，尽管当时苦于没有当面请教的机会，但唯物史观的重要性我是更加深切领会到了。还有一位叫田昌五的老师，年纪要比老一辈略轻一点，但又要比李学勤先生长一点，大概五十多岁。田先生在历史所有一个外号，叫“田克思”，意思就是他很精通马克思主义。田先生也给我们讲唯物史观。另外，历史所还有一位主持党务的分管书记，叫梁寒冰。他过去是中央华北局的宣传部部长，从天津过来的。梁先生就带着所里的一批中坚力量，编了类似于我在大学时期学的《马克思主义经典作家论历史科学》的书。

我在贵大读书时，唯物史观的问题就已经基本解决了，加上“文革”期间，虽然自己受了委屈，但还在不断学习。研究生时又在诸位先生的指导下，系统阅读了马克思主义的基本典籍，尤其是下功夫读了毛主席的《中国革命与中国共产党》等著作，所以就更加深化了唯物史观。历史观上我从来不动摇。

中央2004年实施马克思主义研究与建设工程，老一辈史学家，比如林甘泉先生等，年纪都大了，就把我叫到史学组去当首席专家。2004年我才61岁。那时有四个首席专家，就是张岂之、李文海、于沛，然后就是我，并且居然把我排在第二位，说明大家还是相信我的史学观。我们编的《史学概论》，高校是作为教材用的。最近又修订了，因为我年纪大了，没有叫我去做具体的事了，但依然把我列在专家名单里面。主编是李捷同志。李捷原来是中央党史研究室的，后来到社科院当代所任所长，又到《求是》杂志当一把手，退下来后主编该书。

登堂入室：回忆历史所的专业学习

在专业方面，历史所的“深造”主要体现在两个方面，一是“补缺”，补上了本科时期没有开设的课程；二是“深化”，深化了以前学过的一些知识。

张政烺先生第一年讲版本目录学。胡厚宣不单纯是讲文字，而是结合商代历史来讲。在贵大时，文字学没有老师讲，现在也补上了。文字学的课不仅有胡厚宣先生讲甲骨文和金文，张政烺先生也讲金文。这些先生的课张先生讲得多一点，胡先生就是一两次，然后就是平常接触，有什么问题就随时请教。

北师大做《说文解字》的著名老专家陆宗达先生还专门来讲过《说文解字》。杨向老也很重视《说文解字》的基本功。杨向老对我说，你要做学术史，就要好好地读《说文解字》，所以我的《说文解字》书是翻烂了的。陆宗达先生的弟子王宁先生继承了陆先生的学问，后来她还邀请我去北师大讲过乾嘉学派。

虽然我不做文字学的研究，但通过几位先生的课程，知道了文字演进的源流，知道了怎么利用工具书来解决自己不知道的问题。所以，我在历史所的这么多年，除了老先生的教诲之外，自己得益最多的就是工具书，直到现在我还经常使用工具书。我现在都还在用《词源》。我的《词源》由于经常用，不小心翻坏了。《说文解字》也翻烂了，《十三经注疏索引》也翻烂了。所以有一次，大概是商务印书馆一百二十周年馆庆，叫我去讲几句话。我就讲，要感谢商务印书馆，你们的《词源》编得很好，我终身受用，现在我还在用，那是最好的老师。感谢商务印书馆，他们听我这样说后，悄悄把新版的《词源》又送了我一套。湖北大学的朱祖延先生也是做文献学的，也编过这样的书。朱先生我认识，还略有一点交往。我去湖北大学开会时，朱先生还来招待所看过我。朱先生编过《尔雅诂林》。武汉大学宗福邦教授主编的《故训汇纂》我也买了一套，这个书编得很好。宗先生我不熟，只是在香山一起开过会，但没有深交。这两本书，我都有。文字、音韵、训诂，传统谓之“小学”，还有文献，这是做学问的基础，也是门径。

回忆张政烺先生

我初识治学门径在贵大，其中受教最深的是张振珮先生，其他讲基础课的老先生对我也多有教益，使我心中有了一个完整的中国史和世界史体系。当时贵大没有开设历史文献学的课程，只是张振珮先生讲上古史和《历史文选》课时有所涉及，使我对文献学有所了解。真正深入门径，登堂入室还是在来社科院读研究生以后，尤其是跟着张政烺先生和谢国桢先生学习历史文献学和版本目录学，使我最终补上了这门重要课程。这一课补得很好。

我说的“门径”，过去读书人都知道，“目录”是门径。张政烺先生讲《书目答问》，讲《汉书·艺文志》，尤其是专门给我们清史专业讲《四库全书总目》。说到这里，还有一件往事可以谈一下。《四库全书总目》上课记录是我做的，因为听课的人没有几个。这个记录稿曾经当时历史系——那时在研究生院，历史所也是“系”——油印过，但非常可惜的是，现在找不到了。后来张先生过世，他们要出张先生的集子，就把我的记录手稿拿走了，拿走稿子的先生也过世了，后来也不知道到哪里去了。

张政烺先生的课使我知道，要下功夫去读《四库提要》。薪火相传，这么多年来，和我一起念书的年轻同志们都知道，第一堂课我要给他们讲《汉书·艺文志》，然后也像张先生一样讲《书目答问》，然后作为每天必读的功课去读《四库全书总目》。因为那毕竟是我们中国古典目录学的集大成之书。《书目答问》虽然比较简单，但指出了必读书目。张先生讲《四库全书总目》时，还专门指出了一个常识性的问题：不能叫作《四库全书总目提要》，而只能是要么叫《四库全书总目》，要么叫《四库全书提要》。因为“总目”就包括了“提要”，不能两者并存。张政烺先生曾在中华书局工作过，看来中华书局是接受了先生的主张，所以中华书局就很规范地叫《四库全书总目》，简称也只能是《四库总目》或者《四库提要》。现在好些人不注意基础训练，所以就容易犯常识性的错误。

张先生的学问很大，有什么问题你问他，他敲敲头，一会就给你讲出来了，哪本书，哪一卷，都给你讲出来了。非常可惜的是，张先生不擅讲课，所以在北大不受欢迎，尤其是本科生听不懂，就认为枯燥无味，殊不知张先生讲的都是他一辈子扎扎实实治学的经验。只有像我们这样经过了大学阶段的系统训练，再来听张先生课的人，才知道先生的课是字字珠玑。我们听得津津有味，真正是受用终身。张先生既博大，又厚道，而且学问很好，书法也很好。要讲这一辈子我所接触的老前辈，除了郑老之外，张先生应该是最德高望重的了。可惜老人家晚年慢慢地脑萎缩了。我每次去协和医院探望，老先生竟连自己教过的学生也不认识了，实在不忍心回忆这样的场景了。

要是你见到张先生，你绝对会觉得很亲切，虽然他不善言辞，但坐在那里，是一位让你肃然敬重的一位老前辈。张先生有威仪，似乎很难接近，殊不知不是，只要你请教他问题，问一答十。张先生生前没有写过一本书，但他写的论文质量很高，写一篇就解决一个问题，所以学术界不管东南西北，都很敬重他，没有一个人说张先生学问不好，没有一个人说他人不好。与张先生接触，听他说什么问题，听他一指示，聪明的人深入一摸，确实是这么一回事，就可以有东西出来了。跟着张先生这样的大学问家，真是长知识。

李学勤先生当年是张先生的学术助手。当年上课时，李先生也经常陪同张先生来上课。李先生长我十岁，也是老师辈。李先生与张先生接触最多，可以说深得张先生教益。李学勤先生是学问大家，我们从李学勤先生的身上也可间接感受到张政烺先生博大精深的学术成就。但李先生和张先生风格完全不同。李先生可以说是个天才，绝顶聪明。李先生为什么能跟到侯外老的门下呢？就是他的思路很开阔。李先生的思路确实让人很佩服，他想问题想得很宽。李先生是大学问家，学术范围很广，他做古文字研究，与北大的裘锡圭先生，都堪称大家，但风格不一样。同为大家，不同的是，裘先生是众望所归的古文字学大家，李先生则能够把古文字与古史联系起来看问题，进而提出推动学术发展的主张。

张先生学问好，为人也很厚道，从年轻时就如此，所以当他大学毕业后，他的老师傅斯年先生就把他留在了史语所。张先生也算是史语所老资格的老人啊。国民党溃退南迁，史语所迁台的图书是张先生选的，那时虽然他还很年轻，但可见他的学问之大，眼光之深。史语所很感激张先生，说，如果没有张先生的精挑细选，史语所带不去这么多有价值的典籍。我进过史语所的图书馆去看过，一位资深研究员告诉我，他们很感谢张政烺先生。

张先生的学问，所里和学术界无人不佩服，所以我在历史所为大家服务期间，就以张先生为榜样，告诉年轻同事不要急功近利，去做那些“短平快”的事情，而是要扎扎实实把基础打牢，选好题目去进行深入的刻苦钻研。

张政烺先生和谢国桢先生上课有一个特点，就是每次上课都要带一个包袱，就是他们老人旧时代用的，一块大布，蓝色的或者黑色的，把有代表性的线装书包上，带上五六本，自己提着带到课堂上，讲课时随手翻给大家看。那时老先生们上课也没车子接，很辛苦，但老先生们很认真。

回忆谢国桢先生

谢先生是梁启超先生的弟子，一生走南闯北，见的书多，读的书多，见的人也多，阅历丰富，和张先生不太一样。

谢先生是藏书家，各种版本的书很齐全，所讲的也是自己一辈子藏书、访书的经验之谈。谢先生是河南人，还有一些河南口音。张政烺先生是山东人，也有山东口音。他们都很随和。有一年，谢先生要带我们去江南访书，本来我也要去的，但因为家境清苦而未能成行。虽然旅差费是所里出，但是吃饭等开销要自己出，总比在食堂吃贵啊。虽然谢先生说，南方饮食便宜啊，比北京便宜啊，最多五毛钱，我们就可吃饱了，但是我还是不敢去。

谢老[①]做学问的风格和张政烺先生不一样。张先生是很严谨的，讲文献是绝对可信。谢老的特点是见的书多，信手拈来，但是你不要过分较真。谢老是指示方向、门径，谢老说，他在什么书上看过，但是他记不准了，你去找。你根据他的指示再去找书，那就绝对错不了了，就像索引一样。他们各有各的特点。

谢老为人也很随和，就是那天我在所里面讲，我是可以到他家去借书的。谢老藏书很多，很多都是线装书。说到这些书，谢老曾经鼓励我说，你有时间，可以多到琉璃厂去走走。随即先生拿了一本很薄的书给我看，说，就这么一本书，才一块多钱，我在琉璃厂买的。买回来后才发现，里边就有宝贝。什么宝贝呢？里边居然夹得有明朝万历年间的一张邸报，它可以与《明实录》相互补充，尤其是晚明，因为明朝末年没来得及修《实录》。所以谢老就说，有

① 为表示尊重，祖武先生提到谢国桢先生一般不直呼其名。——整理者注

时间你可以去琉璃厂走走，翻翻书，开卷有益。他老人家晚年快走时，我去看他，他腿都肿了，连北京人穿的老布鞋，都穿不上了。他告诉我说，要注意身体。

说到谢先生，应该说，我很幸运。当年我在历史所拿学位的那个论文，是请谢先生来参加答辩。谢先生是老前辈了，年龄也长，比杨向老还长，辈分也高。老一辈很厚道，不像今天。我讲一个故事，这个事我还从来没给人讲过。我去谢老家，给先生说，杨向老叫我做了一个文章，叫《顾炎武评传》，到时候要麻烦谢老去坐一坐。谢老说，我一定来。因为谢老读的书很多，学问也很博，加上过去做过《顾亭林学谱》①——这篇文章深得梁任公先生的赏识。他就问了我一个问题，陕西那个李因笃的《受祺堂集》你读过没有？我回答说，谢老啊，这次需要读的东西太多了，我只是翻了一下李因笃的文集，但诗集还没有好好读。谢老就说，要好好读一下，研究顾亭林和李因笃的关系，也是个值得做的题目啊。

答辩的那一天，谢老来了。我说啊，老一辈的大家厚道，他不是为难我们这些年轻人，而是先给我们一个提示，研究顾炎武要注意解决一些他个人认为要解决的一些难题。结果谢老问的问题就是那天他问我的问题。我就如实地做了回答，谢老说，不仅要读他的文集，也要读他的诗集，研究历史除了一般史料，还可以“以诗证史”啊，你读得越多，就越有发言权。老人家很厚道。

顾颉刚先生的藏书也很多，也有很多书有版本价值。顾先生的有个女儿在贵阳，在聋哑学校，但是我从来没有去问过。

① 《顾亭林学谱》为谢国桢在清华大学国学院的毕业论文，导师为梁启超先生。该论文后于1930年在上海商务印书馆刊行。

回忆杨向奎先生

杨向老治学的广大风格

杨先生是位大家，他和张振珮先生不一样，和谢老的风格也完全不一样。杨先生更倾向于他的两位老师。杨先生经常给我提起他的这两位老师。一位就是顾颉刚先生，一位就是钱宾四先生。这两位先生的特点就是很博大，同时彼此风格也不一样。钱先生在博大当中又有专精，专精在中国古代的学术和思想史。杨先生走的是这两位老师的路子，而且他很有个人的天赋。杨先生又发展了顾先生勇于去思考历史问题，勇于去抓住一点去思考历史问题的风格。

杨先生既是大史学家，也是大思想家。向老是河北丰润人，性格豪爽，而治学也有豪迈风格，格局和视野都很大，思考也很深入，有着一种恢宏的气势。这也体现在他的讲课中。他的思路很开阔，口才也很好。在我听过课的老前辈中，有两位老师讲课讲得最精彩。一位就是杨先生。杨向老的课，那是满堂生风啊。讲得好得很。另外一位就是北大的商鸿逵先生。商先生的课也讲得很好。他们都不用讲稿。但是向老过了 80 岁，有一次从青岛回北京，我去看他。他就给我讲，我老了。我说没有啊，您身体很好啊。他说，不，以前我不管在哪里讲课，讲两个小时都不觉得累，但是这一次我在山东青岛，讲 20 分钟就没有话了，老了！

杨先生早年是以研究中国古代社会和思想成名的，早在 60 年代，上海人民出版社出版的这个书[1]时，他就出大名了。杨先

① 杨向奎：《中国古代社会与古代思想研究》，上海人民出版社。该书共上下两册，上册出版于1962年，下册出版于1964年。

生晚年不仅去思考中国古代社会和思想问题，而且又把读书的视野大大扩展到自然科学了，具体来说就是理论物理学，而且是钻进去了，钻得很深。他研究相对论，研究宇宙大爆炸的“熵”。当年他给我们讲墨经。他对墨子评价很高，认为墨子代表的科学眼光不亚于古希腊罗马。他用高等数学来演算墨子，用高等数学的方程式来讲墨经，这是他最擅长的，我简直听不懂。我是很偏科的人，微积分啊，方程啊，我根本听不懂。

杨先生对他的理论物理学很自信。记得有一次他拿了一本美国的书给我看，书里有美国的科学家引用他的观点的文章。杨先生的研究结果在社科院本身就有不同的看法。杨先生还告诉我，社科院的一位领导把美国引用杨先生的文章收集起来，送给科学院一位老先生审定，结果令向老很失望。他对我说，他们不理解我。我的这些结果，全都是我思考出来的，是我用数学方程式推演出来的，但没有实验室的检验。因为科学要讲实验室的检验，是可以重复验证的，所以科学院不接受我的结论。杨先生的理论，理论物理学、相对论的这些成果，没有得到科学界主流所认可。后来杨老去世后，在追思会上，我专门讲，杨先生讲的“熵”我不懂，对相对论的质疑我也不懂，所以对杨老的理论物理研究，我是接不了班的。杨先生过世前对他的理论物理研究是充满自信的。一位参加追思会的年纪比我还长的首师大老先生悄悄对我说，以后你不要讲杨先生是理论物理学的研究者了，说了你是帮倒忙。杨先生在学术界，就凭他的历史学方面的成就，他就已经站住脚了，你再拿他的理论物理研究成就来替他说话，很多人不能接受。

杨先生走得太早，当然他是90岁走的。他走得不痛苦，他没想到他会走。我还记得，他在90岁的时候，我们还在国际饭店给他办了一个祝寿会，院领导还来了。结果不久先生就住院了，但他还是没想到他会走。他住在协和医院，我去看他。他对我说，你以后要吸取我的教训，要多吃苹果，要多吃鱼，要多动。你看我，每天要从东总布胡同走到平安里去游泳，要加强锻炼，要注意营养。没想到不到一周，病情恶化了。等我接到电话赶到医院时，老先生已经走了。庆幸的是，他体温还在，我还可以感受到他的体温。我赶快把他从床上扶起来，给他换衣服，然后用担架送到太平间去。作为他的弟子，我总算赶上送走先生。

杨向老的高风亮节

杨向老指导我们的方式主要是叫我们写读书报告，每个月叫我们交一份读书报告。因为他要了解这个月你在看什么书，有什么心得，针对你的报告，他再给你讲。杨向老对读书报告一般只是批几个字。我写毕业论文时，每写完一章就送给他看，他也只是批几个字。当然，这一方面与我个人情况有关，那时我已经三十多岁了，也读了一些书。另一方面也与杨向老是大家有关，先生主要在于大方向、大格局的引领和指导。我们今天不能把这个方法普遍化，要根据具体情况，比如我带自己的学生，我都要逐字逐句地改。现在的学生与我们有距离，所以要因人而异，因材施教。另外就是他那时自己也很忙，要做《清儒学案新编》，那是他晚年的一个大计划。所以，指导我们几个弟子不是他主要精力所在。我印象中，那两位师兄，因为他们写的都是政治制度史，杨向老就委托其他老师一起指导。我是跟他做清代思想史，所以，在我身上，可以说是用了一点心吧。张政烺先生给我们讲版本目录学，也叫我们交读书报告，他也很简单，也只是批几个字。

杨向老待我这几十年很好。80 年代中的一天，杨向老把我叫到他家中去，拿了一张稿纸——过去历史所用的大稿子——给我。稿子上边写了大概 30 个词条。一条一行，每条大致写多少字，也大致有个规定。其中除了“三皇五帝”外，都是清代学术史的条目。

杨向老说，你拿去，试写写，一个月以后交给我。我以为还是像以前读书时那样，先生要叫我写读书报告。

一个月后，我把词条交给先生。先生仔细地看了，然后对我说，“三皇五帝”这条啊，你没有好好读书，没有好好读顾先生和我的书①，没解决问题，就不要了，其他的二十多条写得不错，你的这个读书报告就通过了。

一直到了90年代，我才知道原委。有一次我在香山饭店开会，遇着《中国大百科全书》历史分卷的一位责编。他对我说，“陈先生，我没想到你这么年轻，我们一直以为你是一位七八十岁的老前辈”——那时我五十多岁，身体很好，也没有老态——“当初能够在我们大百科全书写二十多个词条的人不多的啊。”回来我到图书馆翻大百科全书，才发现这二十多个词条。这时我才知道，当初杨向老叫我写的词条，是给大百科全书写的条目啊。让我感慨的是，词条署的全都是我的名字。杨向老直到过世的时候，也没有给我讲过这个事。杨向老高风亮节，不像今天有的老师，把事情交给学生去做，自己什么也没有做，最后却什么东西都还要和学生署名。

杨向老指引我走上清代学术研究道路

我在二年级的时候，杨先生就把我的毕业论文题目定了，叫我做“顾炎武评传”。就犹如那天我在历史所讲的，他有他的深意啊。一个从近期来看，他是想让我为他的“清儒学案新编”写一个“亭林学案”；第二个就是从长远来看，希望我能把他的事业继承发扬下去。

“做清代学术史，要从顾炎武开始”，这是杨向老的原话，“所以我给你出这个题目，你去好好地做”。怎么做？则是我完全自己

① 顾颉刚，杨向奎：《三皇考》。该书于民国期间出版。书前顾颉刚先生自序时间为“民国二十五年一月八日”。

去摸索的。因为老先生是大家，他也因材施教，我跟他的时候，已经 35 岁了，有了一定的积累。我自己在研究顾炎武的实践当中，我就知道，做学问——这只是我个人的看法，未必对，并且主要是我们做学术史——要选一个大家来做。做的时候就像滚雪球一样，越滚越大，慢慢地把这位大家在学术界所交往的人，甚至是攻击他的人及其有关的历史都吸附、团聚起来了，这就可以对研究对象的认识越来越深刻，同时你也会掌握面上的知识，也就是他那个时代的知识。所以，我从顾亭林入手，后面做《清初学术思辨录》，原因就在这里。研究顾亭林，肯定要涉及黄宗羲，也会涉及孙奇逢等明末清初的学术大家、名家，最后自然对清初八十年的学术有了一个认识，最后也就自然有《清初学术思辨录》这本书的问世。

20 世纪 70 年代末，杨向老已经下决心要写一部《清儒学案新编》了。他认为徐世昌的《清儒学案》“庞杂无类”，所以杨向老要像他的老师钱宾四先生那样重新做一个《清儒学案新编》。他是为了让我给其中的《亭林学案》做些基础工作。从长远来看，也是想为我在清代三百年的学问当中，能够取得发言权。因为老人家不是以只治清代三百年学术史成家的，而是通的，是贯通古今的大家。他也希望我不只是顾亭林研究的专门名家，而是要对清代学术史有一个通贯的了解，成为整个清代学术史的研究学人。

《清儒学案新编》后来由齐鲁书社出版，但很不理想。为什么呢？因为当年，杨向老是希望我能帮他，实现他的计划，但我最多半年——也就是留所半年后——就正好赶上改革开放以后所谓“科学的春天”来了，人文社会科学都要上大计划。国家早就注意到了要关注清史，原来郑老早就提出这些问题来。80 年代初，“清代全史”和“清代人物传稿”列入国家重大项目。这两个项目就摆在历史所，并且恰好就在我所在的清史研究室。当初所里之所以把我留下来，就是为了给国家做大事，具体就是做这两个项目。

而杨向老的项目只是他个人承担，没被列入国家重大项目，所以所里不允许更多的人参加他的项目。

杨向老有一个专职的学术助手，是过去旧社会金陵大学学经济毕业的，他对这一行不熟悉，所以，学术助手最后变成了收发员。在这种情况下，杨向老靠个人的力量做不好，最后只有到处请人帮着写，也有老人写。杨向老的同学王树民先生就是一位，但主要是杨向老自己写。写完后，由于没有人帮助校对，所以付印以后，失误太多。杨向老生前亲口给我说过，“祖武同志”——杨向老一直叫我“祖武同志”——“等以后你有了时间，你帮我把《清儒学案新编》认真地校勘一次，出一本《校勘记》。”老先生是讲“出一本”啊，之所以要出“一本”，是因为这套书是多卷本，有八九本之多，所以需要专门出“一本”《校勘记》。我答应了。很快老人家走了。他走后，齐鲁书社也发现问题不少，他们打电话给我，说书社有这个计划，希望我作为杨向老的弟子能做这个事。我答应了，但是说要慢慢做，因为那时我参加的大项目很多。除了上述的两个项目外，还有杨向老交给我的《中国大百科全书》历史分卷，还有《中国历史大词典》、黄宣民先生的《中国史稿》等，所以我说，我慢慢做。但是出版社不是这个思路，他们等不起。随着杨先生的去世，这个工作就慢慢冷下来了。

《清儒学案新编》失误很多，如果你有意去读，可以看看最精彩的部分，就是杨先生自己写的每一个案主的“学术思想传略”那部分。这部分杨向老走的是黄宗羲的学术评论路线，是他自己很精到的见解。读了这部分，就基本了解老先生的主张了。资料选编部分可以不读，因为错误很多。尽管杨先生尽量核对原著，但清代的文献太多，他无法一一对校。

遗憾的是，因为各种原因，杨向老至今没有出版全集。这不仅是他个人的遗憾，也是学术界的一个损失。对此，我也爱莫能助，无能为力。

杨向老对我饱含期望，也许我也算没有辜负老先生吧。杨先生过世这么多年，我依然在这三百年学术史中刻苦钻研，一步一步地往前走，争取把老一辈没有解决的问题一项一项地解决，也把老一辈没有提出的问题一项一项地提出来，让往后的年轻人去深入。学术界对我的这个方向和精神，或许也大致认可。所以，1992 年到 2003 年，基本上我每年都应邀去台湾，讲的一个主题，不管哪一所大学，基本都是三百年学术史。有一次在台湾师大，讲的主题就是钱宾四先生与中国近三百年学术史。钱先生的夫人钱胡美绮也来了，坐在下面听完讲座，最后表示认可，并且和我共进午餐。

清代学术史研究中的唯物史观问题

钱宾四先生是杨向老的老师，真正的老师。钱宾四先生在北大教书的时候，杨向老在北大历史系念书，杨先生、邓广铭先生、张政烺先生、何兹全先生是同班同学，有成绩单为证。我亲眼看到过这个成绩单——他们北大那一班听课的成绩单。我只能算是钱宾四先生的再传弟子。在钱宾四先生过世后的1995年，在香港中文大学，开会纪念钱先生一百周年冥诞。海内外钱先生的弟子及再传弟子都来了，云集在香港中文大学。严耕望老前辈及许倬云、余英时、刘述先等先生都来了。杨向老在北大的许多同学也来了。本来杨向老接到邀请也要去的，但他毕竟85岁了，社科院关心老先生的身体健康，为了保护老先生，就劝说他不要与会。后来香港中文大学就邀请我与会，一是因为我是杨先生的弟子，同时可能也是因为我在这个领域所做出的初步成果受到他们的关注。在那次会上，我上台去讲，讲“钱宾四先生对清代学术史研究的贡献”。这篇文章实际上我有考虑，如果你深入琢磨这篇文章，你就会看出，实际上我是把钱宾四先生和余英时先生他们师徒两位的心得合为一体，最后用马克思主义唯物史观来解决他们要回答的近三百年学术史流变的问题。

研究历史，必须把思想史或者哲学史上的人物、事件和现象摆到那个特定的历史环境中去，这是唯物史观的基本原理。

钱先生强调“不识宋学，则无以识近代”。这就把近三百年的学术史上溯到宋学，把宋学与清代学术一体贯通，合为一体来看待后者。我表彰了钱先生的这一观点。同时，钱先生还有一个主张，余先生没有表彰，那就是“学术流变，与时消息”，强调学术流变与社会时代的密切关系。应该说，最终决定学术的是那个时代，是那个社会。余先生的贡献则在于提出学术发展的“内在理路”观点。这个观点恰好是我们新中国建立后，尤其是十年“文革”浩劫后我们没有解决好的问题，而且是一个关乎全局的问题，必须要解决。如果解决不好，历史问题、学术问题就被简单化了，也把唯物史观机械化、庸俗化了。所以我也表彰余先生的“内在理路”说。但是我主张要把两者结合起来，要走钱先生的路。那次我发言完后，坐在前排的许倬云和余英时先生都站了起来，和我说话，许倬云先生说，你的口音和邓公[①]一样啊。余先生说，我知道你。

钱先生“学术流变，与时消息”的思想很重要，它的合理部分与唯物史观是相通的。“内在理路”说没有很好地继承这条路线，有着明显的局限性，不能很好地解释宋明理学何以走向枯竭的问题，所以余先生最后只有又走到宋明理学家以“尊德性”“道问学”去分门别户的老路上去了。如果按照唯物史观的讲法，这个问题相对来讲就比较好解决。

为什么明末以后中国的学问没有沿着宋明理学的路继续往前走，又不能走到一条崭新的路上去，走到比宋明理学思维水准更高的学术形态上去？为什么？这个问题要靠唯物史观来解决。因为那个时候，明末清初的中国经济、封建的自给自足小农经济还是很顽固落后的，左右当时中国历史命运的仍旧是与封建宗法制纽结在一起的封建地主阶级及其国家机器。在这种生产方式之下，不可能超越生产方式的制约，产生另外一个思想形态。指望思想自身去产生另外一个思想形态，那是不可能的事。但是宋明理学的路又走不下去了。我很赞成章太炎先生的一个主张——认为“清

① 邓公，指邓小平。——整理者注

世，理学之言竭而无余华”——也就是说，宋明理学作为一个学术体系已经枯竭了，它要解决的学术问题，已经回答了，它要论证的封建伦理、道德秩序已经用“天理”二字固定下来了。王阳明讲的“吾心之良知即天理也”，既解决了要解决的问题，又把宋明理学引入了一个没有准绳为依据的极端，结果阳明后学跟着这个极端，再往前走，就把孔孟、六经，连同封建的基本伦常都推倒了。王阳明的思想为什么在明清之际发展不了？阳明的思想本来是要解决问题，但最后只是一个火花而已，不能激起回响。回响就是李贽、泰州学派他们走向极端，社会不容纳，最后经学起来了。为什么呢？因为中国学问没有其他路啊，结果就自然走向对中国几千年的传统学问进行整理和总结的道路，这样就产生了乾嘉学派，或者说是贯通清代的“朴学”，也就把中国学术在入清后没有再沿着理学走的问题解释清楚了。我们要客观评价乾嘉学派和一代朴学的历史贡献，如果没有这三百年对数千年中国学术和典籍的系统整理和总结，就不可能有民国以后直到今天，中华优秀传统文化的提高和普及。

尊重和重视具体实际的历史事实，这是认识历史的关键，也是唯物史观的具体表现，而如何贯彻唯物史观也是一个需要严肃、认真对待的问题。不是主观上声称即可，而是要在具体的研究中体现。我跟杨先生做研究，首先我自己脑子很清楚，要对中国实际国情有着清醒的认识，实事求是，一切从实际出发，正确认识历史事实，一切以历史事实为依据，否则唯物史观就被僵化、庸俗了。

正是基于这样一个根本认识，所以从追随杨向老问学，从《顾炎武评传》，到完成早期习作《清代学术思辨录》《中国学案史》，再到十余年前写《清代学术源流》，直到晚近整理《清史稿儒林传校读记》，对不同历史时期具体国情的探讨，都是我试图梳理清代学术史的基本出发点。与之同时，从“以经学济理学之穷”主张的提出，到把清代学术的基本历史特征归纳为对中国数千年学术的整理和总结，直到齐心合力，解决清代学术历史定位的呼吁，无一不是运用马克思主义唯物史观解决具体历史问题的尝试。

六 历史所是一个做学问的好地方

集体成就个人

1981 年我研究生毕业后留在历史所工作，此后有近十年，参与了历史所承担的大型集体合作项目，这对我产生了深远的影响，为我的学术研究打下了宽广而坚实的基础。你提出的“集体成就个人”这个说法很切合我在历史所几十年的实际，而且也是这段时间工作的准确写照。

历史所以集体项目培养人才的优良传统

历史所建所以后，有着一个很好的传统，那就是做大型的集体项目。齐心协力，全所几代学人都投入其中，老一辈起骨干作用，中年发挥中坚力量，年轻人就被带起来了。《甲骨文合集》《中国史稿》《中国思想通史》等，就是如此。你看郭老、侯外老、胡厚宣先生等，尤其是郭老和侯外老，走在前面，带领一大批学者，最后也培养了一大批学者。历史所的甲骨学，现在知名的专家都是当时《甲骨文合集》带出来的，还不少，至少也有七八位。通过大型项目、集体合作，一方面出了成果，另一方面也培养了人。所以，集体项目培养人，这是一个成功经验。尽管大的东西出来的也并不多，也不是都很好，除了郭老的《中国史稿》、侯外老的《中国思想通史》以外，影响最大的还是《甲骨文合集》，但总的来说，影响很大的东西还是不多。历史所主要还是给国家或者中央有关部门发挥咨询作用，比如说"反修"、中苏关系、中美关系和中东问题等，历史所都提供了若干外交资料。

令人痛心的是，这个传统"文革"期间被破坏了。粉碎"四人帮"以后，我来到历史所。历史所面临着学术复兴的问题。因此，国家大项目又被提上日程了。历史所又可以继续发挥他的传统优势了。

我参加的项目及其对我的培养

很快，到了1981年年底，1982年年初，国家级的大项目立项了。像我所在的清史研究室，我刚进去时，就有《清代全史》《清代人物传稿》这两个国家级大项目，没有进入国家级项目的有杨向老的《清儒学案新编》等。

《清代全史》这个项目由历史所清史室的王戎笙先生主持。戎笙先生早年为郭老做过秘书，是研究中国近代史和农民战争史的著名专家。王先生不只是用历史所的力量——因为如果只用历史所的力量是完不成的——也动员了全国的力量。比如东北的李洵先生，明清史的大专家；薛虹先生也进来了；还有近代史所好几位做近代、做晚清的专家都进来了；还有做太平天国研究的专家也在其中。实际上是办公机构设在历史所，但学术成果是整个中国学术界贡献的。清代前期的学术思想部分主要就交给我来做。所以我研究生一毕业留在所里，就上马做研究了，就去接重担了。

《清代全史》这个书后来出版了[①]。可惜我捐给贵大的书里面没有。为什么呢？因为所里来了一位博士，是贵州人，后来留在所里了，是做清史的，她的老师定宜庄先生是王钟翰先生的博士，所以她算王钟翰先生的再传弟子。我看这个年轻人很爱做学问，就把这套书送给她了。这个娃娃是贵阳人，好像她的祖父当过农学院院长，父亲是清华毕业的，现在已经是研究员了。

我还同时参加另外一个项目，也是国家级的大项目——《清代人物传稿》。这个项目是历史所清史室与人大清史所合作的，合作

① 王戎笙主编：《清代全史》（共十卷），辽宁人民出版社，1991年7月版。

得很好，很成功。根据协议，两家交叉来编，一家编一三五七，一家编二四六八。一家编一卷，间隔开来编，各家写各家那一卷，合作很顺畅。分给历史所清史室的部分，关于学术人物的传记，大部分是我做的。进入“传稿”也好，还是进入“全史”也好，有关学术思想的怎么写，我还是很认真的。

所以我说，我这几十年，实际上就是在大项目里边，学会了老一辈怎么带人的。我们写的稿子，老一辈要认真看的，不像杨向老这些大家只是简单批两个字，而是认真改，确实是很负责任。好风气是老一辈传给我们的，是老一辈把我带起来的。我留所时已经38岁，虽然年纪不年轻，但在科研上还是一个新兵，通过参与项目，集体合作，我的科研实践能力得到了锻炼和提升。历史所这个经验是很成功的。历史所人才济济，像参加我们这个项目的，老一辈有七八十岁的，除了杨向老没有参加，比他年轻的差不了几岁的许多老先生都在里面。然后也有中坚力量，也就是五六十岁的人，像王戎笙先生这样的年纪；也有我这样当时算最年轻的人。在项目实施过程中，我不仅进一步掌握了科研的方法，而且也感受到大家的风范，就把在历史所学习了三年的大家的风范，与研究室的工作结合起来。如果没有到历史所的这个经历，我不可能有今天。假如我当时留在云南民院了，那我可能早就退休养老了。

除了这两个大项目，还有《中国史稿》，按照我的资历和留所时间，我是没有资格参加的。因为这是郭老遗留下来的项目，是“文革”前进所的人的事情，结果，思想史室的主任黄宣民先生，他是中山大学毕业，60年代初来所的老资格的研究员，他就把明清那一卷——《中国史稿》是把明清合成一卷的——中的学术思想部分交给我做。

另外，历史所思想史研究室在北师大开有一门课，就叫“中国思想史”。黄先生也叫我去讲清代思想史部分，所以我登上北京的大学讲台很早，1983 年就开始了，我去讲时，是给大三、大四的高年级讲。所以现在一些知名的学者，比如说北大的赵世瑜教授、西南大学的陈宝良教授等，就是那个时候认识的。

还有杨向老叫我去做的《中国大百科全书》，那也是国家级的集体项目。那是老先生亲自带我做的，虽然他没有改我的稿子，只是把我写的“三皇五帝”否定了，没有送出去，送出去的全都是我执笔的。还有《中国历史大辞典》，这是整个中国史学会抓的大项目，其中的清代学术思想部分，我也写了很多条目。

在读研究生期间，我主要做顾亭林的研究，范围毕竟有限，基础也不是很宽。毕业后通过参加项目，因为我承担的主要是学术思想史，我就必须去了解整个清代的学术，有关的人物和思想都是我去梳理的，所以为学范围得以大幅度地拓展。从时间上来说，从顾亭林所在的晚明清初拓展到近三百年；从空间上来说，我不再局限于顾亭林，而是拓展到从晚明清初的学者到晚清的广大学人和广阔学术领域，整个近三百年的历史和人物都被纳入我的学术视野和研究范围。

杨向老当初希望我有金字塔那样宽厚坚实的学术结构，也希望我为近三百年学术史的研究做出成绩。我以顾亭林为基础，通过参与项目，研究范围拓展到整个清代学术史。这就为实现他的愿望打下了坚实的基础，也为我以后的学术研究打下坚实的基础。

我留所后前期，差不多有十年的时间，也就是从 1981 年到 1990 年，主要精力就在集体项目了。在这个过程中，孕育了我关于清初学术的好些想法，也就写成文章，所以基本上一待项目结束，我就结集出版了我的第一本著作《清初学术思辨录》，以后又先后出版《中国学案史》以及引起任继愈先生关注的《清儒学术拾零》、古籍整理《榕村语录》和《旷世大儒顾炎武》。

明眼人一看就可以看出，时间上我的第一本书主要在清初，以后则逐步延长，范围上也在扩大。有趣的是，我研究生期间专注研究的顾炎武的出版反而在最后。为什么呢？因为亭林先生之学，博及四部，难度极大。本来我是打算学习老前辈大家赵俪生先生，晚年再去动笔。那样可能积累多一些了，少闹些笑话。殊不知硬被出版社推上马，跨上去就下不来。不到 20 年时间，出版 5 部习作，除了勤奋，也与参与集体项目给我打下的宽广和坚实的基础有关。如果你有兴趣，把我当初参与项目时所写的章节、辞条或者短文与我后期的学术文章做一个比照，或许你就更加明白。

老一辈的无私培养和提携

还有就是老一辈无私的培养。除了刚才我说的黄宣民先生、王戎笙先生，还有很多人。我在世界史学界，很多人早就知道我。为什么呢？这与老一辈的关爱、提携有关。1989年，在复旦大学召开法国大革命200周年学术会议，参加会议的很多是一流的专家学者。国外来了一批专家，国内也是做世界史的大家，也请了戴逸先生、章开沅先生。王戎笙先生让我去。结果我的文章排在论文集的第一位。以至于世界史学界的许多人都以为我是年纪很大的老学者。所以社科基金评审时，许多搞世界史的人一见到我就说，陈先生，我们以为你是和戴先生他们一样是老辈学人呢。我说，我是后学了。

其中记忆很深刻的是，王戎笙先生站得很高，眼光很高。我写的稿子，王先生几乎没改，他认可了。所以王先生后来才会把应该由他出面做的两桩事交给我做。一个就是代他参加复旦大学关于法国大革命的会；另外一个就是，山西当时有个杂志叫《晋阳学刊》，总编叫高增德还是高什么，我记不住了，高先生，后来我们还见了面。高先生当时在出面组织一套书。这套书有开风气的价值，叫《中国现代社会科学家传略》，好像叫这个名字，具体我忘了。先是在《晋阳学刊》上连载，然后成书。高先生约王先生写梁启超，王先生就让我写，也用我的名义发表。这个连载后来结集出版，所以外界也认为我是梁启超研究的所谓专家。实际上我不够格，只是老一辈给了我这个机会，让我把研究成果拿出来了。

这个稿子当中关于梁任公先生对于三百年学术史的长时段的、较为完整的研究过程，那是我有所发现的。以往人论梁任公先生关于清代学术史的研究，只讲梁任公《清代学术概论》《近三百年学术史》这两部著作，不讲他早期的《近世之学术》，因为很多人没有通读过《饮冰室合集》。我是通读过的，因为通读过，所以我是把梁任公先生关于清代学术史的研究作为一个长时段的研究来看的。应该说，我是较早把梁任公先生《近世之学术》与《清代学术概论》和《三百年学术史》连在一起来讨论梁先生的清代学术史贡献的。

这篇文章在《清史论丛》上发表。当时《清史论丛》的执行主编是何先生，何龄修先生。何先生也是一位高手，这位先生现在已经走了。何先生不仅是高手，也是实干家。王先生也是高手，两位都是眼界很高，又宽又高。何先生和王戎笙先生还不一样。何先生动手帮人改文章。他是《清史论丛》的执行主编，虽然杨向老挂个主编的名，实际上是他在执行。我的很多文章是经何先生亲手动手改的，我见过。他改了我就看。我是很感谢何先生的。但梁任公先生这篇文章他没有改，因为他知道我在这个问题上跟着杨向老学了很多东西。这就是很生动的例子。如果没有杨先生、没有王先生、没有何先生他们的培养，我也不可能成长得这么好。当然，关键自己也要敬业，要珍惜机会。

集体项目也要尊重个人的劳动。有些学人，所谓的出了名的“名人”不严格要求自己，贪天之功以为己有。以前《大百科全书》都署作者的名字，有一段时间一度取消了，把作者的名字全都统一挪到后边还是前边，具体我没看，是别人告诉我的，使读者根本不知道哪一条是谁写的。这是很恶劣的。《大百科全书》最近这一版，原来也约我去，这回是正式约我主持清代卷。结果我说我身体不好，来不了。我说，我给你们提一个建议。我听说上一版把作者的名字划去了，统一放到前后去。他们说“是如此”。我说建议你们往后要改回第一版那样，尊重作者的劳动，将作者名字放在相应的辞条后边。他说，我们已经发现这个问题了，这一版已经改了。

对历史所优良传统的继承

直到90年代中期，1993、1994年，我才基本结束集体项目。《清代全史》先结束，该书大概是1991年就出版了。《清代人物传稿》一直拖到1993、1994年才完成。经过这一历练，从此我就不仅独立了，而且也可以带人进行集体项目了。

后来我就带所里的年轻人进行乾嘉学派的研究。在乾嘉学派课题组里面，也成就了一些年轻人。比如现在中国社科院的党组副书记、副院长高翔同志，现在是正部级的干部。当时他在我们所清史室当主任，也在我的这个课题组。《乾嘉学术编年》中有几个人的学术资料是委托他提供初稿。《乾嘉学术编年》可以说是我的心血。绝大多数年轻人是提供基本资料，然后我再来认真审改，再编到相关的地方去，所以那个书我敢说是我的心血。高翔同志那时也写了几个人的学术资料，初稿就是他写的。现在他的副手，有个女同志叫杨艳秋，现在是社科院历史理论研究所的负责同志，当时也是这个课题组的，而且还是主力。我写的东西都是手稿，《乾嘉学术编年》全都是我的手稿。我把各位年轻人送来的、我委托他们去找的材料，我一条一条地审定、改好，抄在稿子上，然后交给杨艳秋同志和另外一个年轻同志林存阳，由他们两个输入电脑，最后才送出版社。

这个手稿现在还在，但是这个手稿没有《清史稿儒林传校读记》好。《校读记》的稿子是商务印书馆专门给我做的，是宣纸纸张，后来我把这个手稿捐赠给国家图书馆了。《乾嘉学术编年》手稿用的是历史所的稿子，没有商务的好，并且是横排，不像《校读记》

是竖排，尽管都是繁体。

我原来是在集体项目中，得到老一辈的培养成长起来的，现在我也在这个项目当中把他们年轻人带起来了。倒不是说他们都是我培养起来的，只能说历史所的这个好传统在我这里得以继承下来了。

从历史所的项目结束后，往后我就独立了。从《书品》那篇文章开始，我就不仅独立，而且开始成了中华书局长期的作者了。那一段时间——80 年代末、90 年代初——因为没有行政职务，我就专心做学问，写了很多文章给中华书局主办的《书品》《文史知识》《文史》等杂志，所以中华和我的关系也是八十年代以后建立起来的。

今天我们也有一些集体项目，但挂了集体的名，实际上是个人在做，不像历史所这样，是真正的名副其实的“集体”项目，是真正发挥集体的人才优势才出得来的成果。据说有的同志在全国到处去抓一些名家来参加他的课题组，殊不知那些人根本不做的，这与历史所的基本路子不一样。

近三四十年来，我们的急功近利这种坏风气把“金钱至上”带到学术界了，所以学术界有些学人不能严格要求自己，没有把大型项目看作一个事业发展当中必须去解决的重要环节，通过这个环节去解决重大问题，然后推进学术研究。一些人未必全是这个出发点。他没有学术的情怀，只是想通过这个项目去捞钱。拿下一大笔钱来，分头承包下去，坏就坏在这里。现在包括一些大型的图书编纂工程，也有这种问题。我们要端正态度，把项目作为一个“事业”来做，而不是谋生的手段。须知学术项目是事业，是学术发展的事业；是责任，是当代学人的责任。有了这个意识，我们做项目的态度就端正了。

主持人一定是要干实事的，不仅是指挥员，而且要当战斗员。我主持“乾嘉学派研究”项目时，《乾嘉学派研究》里收的每一篇文章，我都要认真改，有些我还大幅度地删。主编绝对不能挂虚名，要做实事，既是指挥员，又是战士，而且是领军的战士。只有这样，大家才会有个榜样，说，某某先生带我们做，他首先率先垂范，他严谨精勤、一丝不苟，我们也得如此啊。这是无言的身教。

七 古籍梳理

古籍梳理贯穿我的学术生涯

古籍梳理工作不但是我学术研究的重要部分，而且贯穿了我的整个学术生涯。可以说，我的学术是两条腿走路，一条就是文献梳理，另外一条就是学理研究。两者相辅相成，互为支撑。或许正是因为两条腿走路，所以我的学术之路才走得踏实、稳健，学理研究所得的结论也较为坚实可靠，不致自误误人。

中华书局引我进入古籍整理大门

我的研究工作是历史所的大家带我的，我走上古籍梳理的道路，也离不开老先生们的提携厚爱。最初则是中华书局的老编审先生们带我的。

我最早做古籍梳理就是中华书局约我点校颜元、李塨《年谱》。我进入古籍梳理工作也由此开始。这个事也事出有因。

这就要感谢中华书局的一位老编审。这位先生叫胡宜柔，是胡先生把我引进古籍整理大门，并且像带徒弟一样带我出来的。在20世纪80年代初，吴晗先生生前主持《中华历史小丛书》，胡先生负责具体工作。对于其中的《顾炎武》，他们认为原来的本子不理想。胡先生知道我是专门做顾亭林研究的，就约我重新写。因为那套丛书是普及读物，不能太深了，不能依据我们学术文章的风格，而要通俗易懂、雅俗共赏，要让群众愿意读，所以我写完后，胡先生亲自改——按照他们历史小丛书的体例改。由此，就让中华书局了解我了，我也与中华书局开始结缘。胡先生觉得我可以往古籍整理的路上走，才把颜元、李塨《年谱》交给我点校。这位老先生已经过世了。如果还在，当过百岁了。

做完这两个书后，他们就放心了。随后中华书局就开始交一些大的项目给我做。首先是稍微大一点的《榕村语录》《榕村续语录》[1]，大概七八十万字，还有《杨园先生全集》。这两套书都是比较大的书，过去没有谁整理过。这两个书也得到认可了。这几本书点校难

① 以下简称《续语录》。

度高，尤其是《榕村语录》和《续语录》难度极高，从来没有人做过。特别是《续语录》，是晚清才开始印刷出版，很多人都没看过。

说到《榕村语录》，还有一件让我颇感意外和有趣的事。在20世纪90年代中，有一次我接到中科院自然科学史所老所长，也是院士的席泽宗先生[①]的电话。席先生突然给我打电话，我很意外，因为我们以前没通过话。席先生很客气，称我"陈先生"——实际上他还是老师辈——说，"陈先生啊，我很感谢你啊！"我赶快说，"先生啊，我没有做什么事啊。"他说，"你点校的《榕村语录》我用了——引用了其中的话，并且在新加坡的国际会议上宣读了。大家反应还好。谢谢你！"他就是打个电话谢谢我。这可能是因为《榕村语录》中有很大一部分谈天文历法，记录李光地与康熙皇帝的那些经历。康熙皇帝提出问题让他们讨论，涉及天文历算问题。

一个自然科学家、科学院院士关注这本书，这虽然是一件意外的事，但也从中可以看出点校《榕村语录》及其《续语录》的难度。

《榕村语录》和《续语录》的点校难度很大，因为内容很博，涉及面很广。这本书是李光地的弟子做的，目的是要把李光地打扮成朱子的形象。有鉴于李光地在清初，特别是康熙朝的崇高地位[②]，所以《语录》走的路子就是《朱子语类》的路子，是像《朱子语类》那样的高规格。如果你只懂宋明理学，而不懂宋明的政治史和学术史，就无法点校。福建人民出版社知道我点校后，来向我约稿，所以才有了后来的《榕村全书》。现在《榕村全书》又纳入了《八闽文库》。

我曾经给贵州有关方面的负责同志建议过，贵州可以借鉴兄弟省份的经验，像过去编《黔南丛书》那样整理出版贵州的古籍，做

① 席泽宗（1927—2008），男，山西垣曲人，1951年毕业于中山大学天文系。现为中国科学院院士、天文学家和天文学史专家。

② 康熙皇帝曾说："李光地谨慎清勤，始终一节，学问渊博。朕知之最真，知朕亦无过光地者！"（《清史稿·李光地传》）

一个《贵州文库》。很高兴，《贵州文库》出来了，首发式我也参加了。我很关注很关心《贵州文库》。但是一定要注意质量，一定要选准人。谁来点，这个很重要。点校者一定要把点校工作当作一个“事业”来做。

杨园先生的人品很高，但学问不算是很大的第一流学者。在明末清初那个特定的历史环境中，有引领风气的作用。他是从阳明学中走出来的，因为他们那一批人在阳明学中看不到前途，最后只有向朱子学回归，“由王返朱”。另外，他又不是搞门户之争的理学家，不去为谁争正统地位。他是主张从中国社会面临的危机出发，思考如何来稳定这个社会，解决这个社会的危机。在张杨园先生看来，要解决这些问题，只有朱子学，所以才“由王返朱”，向朱子学回归。另外，他也很博大，他作《农书》，在农学史上影响也很大。

《清儒学案》则是我自己主动点校的。因为我跟杨向老读书时，老先生要做《清儒学案新编》，我自然要了解老的《清儒学案》。从70年代末跟杨向老念书，就开始读《清儒学案》，读了几十年。我知道这个书的价值，我就有点校《清儒学案》的计划。后来河北人民出版社向我约稿。我就问，因为《清儒学案》没有出版过，只有民国时的刷印本，能不能出个点校本，由我来点校？他们欣然同意。点校《清儒学案》用了我几十年的功夫。从1978年开始，我就开始读，一直到90年代中期才开始点校，到21世纪初才开始出版，所以是几十年的功夫在里面。毕竟这套书太大，清代的学问太大，有些东西我未必把握得准，所以这个书我自己都认为还有很多还可以斟酌的地方。

也是老天爷关照，有一年突然九州出版社来了一位总编，带着一个人来看我，就专门谈我点校的《清儒学案》再版的问题，让我重新做。那当然好啊。新版开本也改大了，改成16开本，而且也做了两本的清样。我又花了功夫，逐字逐句地把这两册做好了。我很满意。结果一拖十来年了，渺无音讯。后来我曾经打过电话问九州出版社，原因是这书不是他们出版社的计划，而是一个挂靠在他们名下的民间出版机构的计划。该机构因为经费问题而没出版。九州出版社再三给我解释，说不是我们不愿出版，而是因为没有经费，等这个机构有了经费后还会出的。那也不知道何年何月啊！

古籍整理的艰难与辛苦

中华书局后来也出了《清儒学案》，点校者是比我年长的一位老同志，做了许多工作，很辛苦。从这个本子出版后的反应来看，我们也可以更加了解古籍整理的艰辛和难度。

朱鸿林教授在台湾的成名作品是《〈明儒学案〉点校释误》。顾名思义，该书就是专门纠中华书局出版的点校版《明儒学案》的失误和不当，共有上千条。我去台湾认识朱鸿林教授，他把这本书送给我。我从台湾回来后，就把这个书交给中华书局，就是交给当年约我做《榕村语录》的那位先生。他是我们贵州同乡，是兴义人，是北大古典文献专业的，比我还长，长两三岁。我说，这个书台湾批评得很厉害啊，指出失误上千条，我们能不能好好斟酌一下，重新出一个《明儒学案》修订本？结果没有下文了，这位先生也不还我书。我不计较，我这个人一辈子不计较。听说后来中华书局也吸收了朱鸿林先生的批评意见，重新修订出版《明儒学案》。

我们必须要改变一个观念，认为点校就是简单的断句加标点，不是的，不是谁都可以做的。还不说“点校”，就是仅仅是“标点”都是一项很难的工作。点校是一个复杂而辛苦的工作，长年累月，黄卷青灯，字斟句酌，甘苦自知，辛苦而寂寞，惟有亲身经历者方知其中之艰难困苦。它不仅需要深厚的学养，还要有视之为庄重之事业的敬业精神。

“一人劳而万人逸”，点校不仅对于学术研究很重要，可以方便其他人的研究，而且对于个人的学术成长也有好处，有志于传统学问的年轻同志，不妨从点校一部古籍开始。这是一条最踏实、最有效，而且最能培养人才的路子。陈援庵先生当年在辅仁大学讲“史源学”时，就是如此。陈援老[1]上课用的书也是没有点校过的古籍，如《日知录集释》、《鲒埼亭集》、钱大昕《十驾斋养新录》、胡三省注《资治通鉴》等。陈先生就叫跟他的弟子断句，找每一条文献的出处，这就是“史源学”。这样就把学生培养出来了。[2]陈援老培养出多少高才弟子啊，但方法恰好是非常朴实，也是非常有用的。陆宗达先生当年跟黄季刚先生念书时，黄先生的方法就是让他连点三部段注。第一次点完了，交给黄季刚先生，黄先生看也不看，也不回答问题，搁在一边，让他再买一部来点，这样连点三部。陆先生是《说文》大家，但先生的起点恰好也是从基本的标点开始。新中国成立之初，在毛泽东同志的倡议之下，开启“二十四史”和《清史稿》的标点工作，由顾颉刚先生主持，参加者都是当时史学界的大家耆硕、饱学宿儒，我的恩师郑天挺先生也参加了其中的《明史》，张政烺先生参加了其中的《金史》的标点工作。由此可知点校工作之重要和难度，其要求之高，标准之严，一般人难以想象。

① 为表示尊重，祖武先生提到陈援庵先生一般不直呼其名。——整理者注

② 陈祖武先生古籍整理成果简表：（以初版时间先后为序）

书名	首次出版时间	出版社	备注
李塨年谱	1988 年 9 月	中华书局	
颜元年谱	1992 年 1 月	中华书局	
榕村语录、榕村续语录	1995 年 6 月	中华书局	
乾嘉学术编年	2005 年 1 月	河北人民出版社	与朱彤窗合著
清儒学案	2008 年 12 月	河北人民出版社	全四册
榕村全书	2013 年 4 月	福建人民出版社	全十册
清代学者象传校补	2017 年 3 月	商务印书馆	全三册
清史稿儒林传校读记	2021 年 3 月	商务印书馆	全两册

注：该表为访谈者自制。经陈祖武先生审阅。

另外，标点本《资治通鉴》自1956年6月出版，当初《资治通鉴》的标点工作是由范文澜、顾颉刚二位先生统领，参加标点的有顾颉刚、张政烺、贺昌群、容肇祖、王崇武、聂崇岐、齐思和、周一良、邓广铭、何兹全等著名学者。即使这样，吕叔湘先生都还撰有《〈资治通鉴〉标点斠例》，指出部分标点讹误。更可见点校工作之艰难。

古籍整理很重要，但目前我们面临着人才青黄不接的局面，所以需要从长计议，着眼于人才培养，这是百年大计，不可忽视。应该把古籍整理与培养人才结合起来，实行“传帮带”的形式，让老专家与年轻人结合。与其让古籍束之高阁，久等适合的点校者，不如让年轻人参与，从容培养，假以时日，一定会有好的专家学者。具体来说，可以在老专家的指导下，让年轻人做第一道工作，然后请老专家逐字逐句地看，但老专家不能只是挂个虚名，名义上是“某某审读”，其实没有看稿子，那是误人子弟，也是对国家学术不负责任。我这一辈子也是老一辈在培养我，是史学界和古籍整理界的大家前辈在培养我。古籍整理界的很多大家我都见过，也曾有幸得到他们的指点。

从90年代中叶以后，我就被吸收进国家古籍整理出版规划小组工作会议了。古籍小组先是让你参加工作会议，了解你后，才让你正式成为规划小组的成员，这也算国家和老一辈的认可和荣誉吧。这样我就得以接触到很多老一辈的古籍整理大家，比如顾廷龙、任继愈、刘乃和先生，还有陈援老门下的弟子史树青先生，当时我也见过。还有好些其他的老先生。我得以参加古籍整理工作会议和最终进入小组，也算获得老一辈的认可吧。

我的古籍梳理工作

文献资料是学术研究的基础，孔子说，“夏礼，吾能言之，杞不足征也；殷礼，吾能言之，宋不足征也。文献不足故也。足，则吾能征之矣。”可见文献之重要。我做清代学术史的研究，就发现由于文献不足，清代学术史研究中的许多主张，尤其是若干关系到把握全局的认识，尽管新意迭出，然而往往缺乏充分的文献佐证，所以一直注重文献的梳理工作。

可以说，古籍梳理工作我从未中断过。

20 世纪 90 年代早期，我出版了《颜元年谱》《李塨年谱》；80 年代中，应中华书局的邀请，我整理《榕村语录》及其《续编》，于 90 年代出版。当时《清儒学案》我也整理完毕，但出版拖到了 2008 年。进入新世纪，从 2000 年开始，我带领一批年轻的同志编撰《乾嘉学术编年》，历经四载，终于完稿。其初衷不仅是为清代学术史研究提供一份资料，同时也是想培养一批年轻人才。2009 年，承福建人民出版社错爱，约我整理《榕村全书》，2012 年整理完毕，次年出版。

这样的工作一直持续到近年。

叶衍兰先生与叶恭绰先生祖孙二位合著之《清代学者象传》[①]，凡作二集。第一集为叶衍兰先生著，上起清初顾炎武、黄宗羲，下迄道咸间姚燮、魏源，共著录清代前期学者 169 人。所著录学者，大抵人各画像一帧，撰小传一篇，像传辉映，相得益彰。第二集为

① 以下简称《象传》。

叶恭绰先生著，上起清初钱谦益、孙奇逢，下迄清末民初江标、李希圣，共著录有清一代，尤其是第一集所缺之晚清同、光、宣三朝学者200人。除去与第一集重出之侯方域外，实为199人。

经顾廷龙先生编辑安排，于1953年，在安定珂罗版社影印出版。惟国家多故，世变日亟，虽经恭绰先生20年之苦心搜辑，而是时所影印问世者，仅为江西画师杨鹏秋摹绘之各家画像。至于二百家之传文，则尽付阙如。20世纪20年代中，清史馆所修《史稿》争议正炽，董理一代学术史风气方兴。《象传》第一集的问世，顺应潮流，引领风气，颇为四方瞩目。一时学坛及社会名流，若康有为、王秉恩、樊增祥、沈尹默、冒广生、蔡元培、于右任、罗振玉、谭延闿等，皆有序跋或题签。20余年之后，《象传》第二集出。时当新中国成立伊始，百废待举，困难重重，虽由叶先生自费仅印二百部，但亦得郭沫若、陈叔通二位先生题签。据悉叶先生曾以此集一部送毛泽东主席，毛主席有答书致谢，且索观第一集。恭绰先生原拟续事纂辑，将第二集所缺各家传文补齐，然而迄于1968年8月病逝，此愿终未得一践。

1986年1月，顾廷龙先生将《象传》之一二集合为一编，亲笔题写《清代学者象传合集》[①]书名，敦请潘景郑先生撰序，交由上海古籍出版社出版。顾、潘二位先生此举，一则是对两位叶先生卓著业绩的纪念和表彰，再则亦把传承文明，完成前辈文献大家未竟事业的任务，交给了后起学人。我早先读《象传合集》，既于两位叶先生之筚路蓝缕而深致景仰，亦以《象传》之未成完帙而惋惜。此后20年间，将《象传》续成完书之想，每每萦回脑际。2008年秋，我在中国社会科学院历史研究所卸去兼任行政职务，得以专意读书问学。恰逢商务印书馆丁波博士来询《象传》整理

① 以下简称《象传合集》。

事宜，于是多年夙愿得此机缘遂告付诸实践。

2016 年 4 月，在《清代学者象传校补》竣稿后，未作停歇，旋即开始《清史稿儒林传校读记》的整理。历时两年，终于完成，于 2021 年 3 月由商务印书馆出版。此时我已七十有八，身体已然衰老，但之所以如此，也是基于文献之重要。

清王朝灭亡后，“中华民国”初年由北洋政府设馆编修《清史稿》。然而清史馆开，正值民国肇建，军阀纷争，社会动荡，并非史家潜心修史之时。故而蹒跚十四载所成之《清史稿》，错讹甚夥，争议不绝。《清史稿》成书之后，迄今曾经有过两次较大规模的集中整理。第一次是新中国成立初期，自 50 年代末起，国家集合四方专家，对《二十四史》及《清史稿》的系统点校。第二次则是七八十年代，台湾地区众多清史专家合作完成的《清史稿校注》。

同《清史稿》全书相比，《儒林传》本来基础很好，既有《清国史》旧文可据，又有晚清国史馆耆硕缪荃孙先生提供之初稿，理当脱颖而出，独步全书。缪先生过世，在其后的八九年间，如果后继者能够勤于比勘，精心校核，则不难订讹正误，去非存是，编就上乘信史。恰恰相反，由于史馆管理无章，统稿乏人，加之后期急于成书，斧钺随意，以致酿成《儒林传》的过多失误。

《清史稿》的两次整理，于《儒林传》用力重点各异。前者系具有开拓意义的创举，做了可贵的传文分段，并施加新式标点。后者乃采“以稿校稿，以卷校卷”原则，利用存档史稿及相关资料，进行全面校勘，出有校记 476 条。之后，以传主著述、碑传、年谱及《实录》《会典》《起居注》等官私史籍为据，从历史学与文献学相结合的角度，逐传精心校读，遂成前辈师长交给后起学人的为学功课。

我对《清史稿·儒林传》早就很熟悉。早在 1978 年 10 月，我考入中国社会科学院历史研究所，追随先师杨向奎先生求学时，《清史稿·儒林传》就置于案头，作为入门史籍而随时检读。光阴荏苒，转瞬40年过去，当初所购《清史稿·儒林传》，而今装帧已多破损，然从中所获教益，则受用终身。我读的时候，每有疑问，就录之专用卡片，置诸纸质硬盒。久而久之，苦于卡片盒无处放置，便径记于各传天头、地脚，乃至字里行间。岁月流逝，字迹漫漶，早年之所记竟有难以辨识者。因之晚近以来，就有将历年所记整理成帙之想。感谢商务印书馆，他们不仅给我提供了专用的稿子，而且在完稿之后，还出版我的手写稿。

始料未及的是，近年我身体健康急剧下降，几乎不能思考、读书，无法继续学术研究。若天假我以时年，馈我以康健，我仍愿继续从事古籍梳理工作。

怀念任继愈先生[①]

我认识任先生很晚，大概是在90年代后期，在社科院图书馆奠基仪式上。

散会时，因为任先生眼睛很不好，没有人搀扶，我就搀扶着先生慢慢走。那时任先生是国家图书馆馆长，又曾是宗教所所长，在所里还有办公室。任先生说，你把我带到电梯就可以了，我自己上楼，我知道在几层。在到电梯的路上，大概也就是一两百米，任先生问我，你贵姓啊，是哪个所的啊等。那时我已经当所长了，但他还不认识我。我就回答。先生问，你是谁的弟子？我回答说，是杨先生，杨向奎先生的弟子，张政烺先生也是我的老师。“哎呦呦”，任先生说，“怪不得，你跟他们两位念书当然好啦。”任先生问我，“你有没有什么书？拿一本我看看。”我说好，我一会儿就送到宗教所您办公室。恰好那时我的《清儒学术拾零》出来了。最早的本子，就是湖南人民出版社的本子。我就赶快回到办公室拿了一本，送到宗教所任先生的办公室去。

过了不久，没想到任先生给我写了封信，邀请我参加他主持编撰的《中华大典》[②]，而且要我做其中《哲学典》下面的《儒学分典》

① 任继愈（1916—2009），字又之，山东平原人。著名哲学家、佛学家、历史学家。长期担任中国国家图书馆馆长、名誉馆长。1942年至1964年在北京大学哲学系任教。1964年，负责筹建国家第一个宗教研究机构——中国科学院世界宗教研究所，任所长。专著有《汉唐佛教思想论集》《中国哲学史论》《老子全译》《老子绎读》等，主编《中国哲学史》《中国佛教史》《宗教词典》等。

② 《中华大典》系1990年5月由国务院批准的国家重点古籍整理项目。是运用我国历代汉文古籍编纂的一部大型工具书。其目的是为学术界及愿意了解中国古代珍贵文化典籍的人士提供准确详实、便于检索的汉文古籍分类数据。

的主编。《哲学典》下面分了好几个分典。任先生把班子的构成情况都告诉我了，其中很多是哲学界的，说这些人都是能合作的。我答应了任先生的想法，去国家图书馆参加了几次会议。但是没有多久，我就突然发病了。太劳累了，带状疱疹。

当时我刚从武汉回来，连续 3 天给人讲课，很累。没休息两天，张岂之先生邀请我去西北大学，所里机票都买好了。第二天一起来，就发现前胸后背都是疱疹，马上到北京医院检查，是带状疱疹，而且还查出患有高血压、糖尿病，必须马上住院。就没有去西北大学。这是我六十岁的时候，也就是 2003 年的事。身体给我敲警钟了，告急了。我原以为自己身体好，不想这一下疾病都来了，都吃上药了。

出院后，我还强撑着病体去任先生那里参加了几次会。任先生也很好，几次问我身体如何。我就给他讲了我住院的情况。后来有一次我问任先生，我可不可以不再来参加《中华大典》的工作了？任先生很宽厚，说，行，我们就从你身体实际情况出发，今后你就不再来了吧，否则你太劳累了。但任先生从此以后并没有疏远我，反而经常给我打电话。而且每次打电话，一定要谈两个事，除了谈他要谈的事外，还要问张政烺先生和杨向奎先生的健康情况，并且叮嘱我要把两位先生照顾好。这是 90 年代末我认识他时的事。

后来我病了以后，任先生就不再问两位先生了，因为两位先生已经走了。但是每次都问我的病情，说，如果你需要高明的大夫和什么药，你尽管告诉我，我给你找。你看，老先生多好！过了好几年，我的病也常态化了。任先生又让《中华大典》编撰办公室和人民出版社来找我，希望我来主持其中的《政治典》，因为以前的那位主编无法合作。我说我的身体还不好，还无法接这个工作。《政治典》的难度很大，它是“类书”，不像《贵州文库》那样是“丛书”，丛书相对容易，就是把原来的书找人点校合在一起出版。“类书”则不同，它走的是《永乐大典》《古今图书集成》的路。难度极大！

当时我们国家学术界、出版界急功近利，在这样的大的环境下，这书是做不好的。我身体不许可，也估计这个书很难做，就说，请告诉任先生，我还是接不了这个事，你们还是找其他先生吧，但是稿子出来了，我愿意看。最后也没有接，后来是河北师大一位老先生来主持的。但是我实践了我的诺言，看了他们的稿子。我看了第一批样稿，还行，但是毕竟遗漏太多。时代不一样了，现在的电脑搜索比人找的资料多得多，所以现在是不适宜编类书的时候了。只有看看今后人工智能发展到一定阶段，再与人结合起来，可能类书的编纂会提高到一个新的高度。

《中华大典》的编撰积累了丰富的经验与教训，值得我们好好总结。任先生自己可能对《哲学典》都不满意。为什么呢？有一年，《哲学典》出来以后，出版社——外地的地方出版社——社长给我打电话，说，陈先生啊，《哲学典》已经做完了，我们准备寄一套给你。请你写一个推荐书，任老叫你写的。打着任先生的旗号叫我写的。后来这个书也得奖了。那些专家一看是任先生主编的，推荐还是我，我还算负责任的人。后来有次我去看老先生，给他汇报这个事，说，任先生，《哲学典》出来了，他们叫我写一个推荐信，我写了。任先生一听就说，怎么能叫你写？谁叫你写的？我就回答说，某某社长，说是您叫我写的。任先生一听就急了，说，今后凡是打着我的旗号让你做什么事，你先问我。我是可以和任先生保持电话联系，而且可以到他们家去看他的。

《乾嘉学术编年》是任先生给我题签的，那时任先生身体已经开始不好了，但是他还是写了。到《中国学案史》在大陆出修订本，由上海东方出版中心出版时，出版社提出是否也请任先生题签？我去找任先生，那时先生身体已经很不好了，刚做了癌症的手术，手术做完后一点力气都没有。任先生给我讲，你看我刚做完手术，没有劲写字啊。我说，上海的同志提出一个方案，如果任先生健康情况不许可，可否采取集字的办法？任先生说，可以，我授权给他们。所以，《中国学案史》的书名是集任先生的字。但是，“案”字任先生没有写过，所以你仔细一看，“中国学案史”几个字中，“案”字就和任先生的风格略有差异。这就是集字的问题了，不过一般人看不出来。任先生后来直到过世，对我都很好。他不仅是生活上、学业上关心我，而且在政治上也关注我的成长。有一年在香山，有一批人搞出一个什么东西出来。任先生专门提醒我，说，祖武同志，你千万不要掺和，头脑要清醒。

有一年，在人民大会堂开会，散会时，任先生走出大会堂，因为他眼睛不好，简直看不见。任先生没有带助手，出门时没有人陪同。我看见后，就搀着任先生走下大会堂台阶。我远远地看见任先生的那位驾驶员在广场上等，就远远地给他招手，驾驶员过来，我们俩就搀着任先生走。任先生待我很好。我曾经在一次纪念任先生的会上，冒昧地建议，我们中央有关部门应该表彰任先生。不知什么原因，上面也没采纳。

那次我把任先生送上车，目送他的车远去，至今难忘。我永远感激任先生对我的厚爱和关怀。后来在《任继愈文集》的发行仪式上，也是缅怀任先生的纪念会上，我做了一个发言，最后我说，我讲这些亲身经历的事，是说任先生给我们留下崇高的人格和不朽的精神。今天我这个发言要是有个题目的话，就叫作“永远的楷模”。任先生确实是“永远的楷模”。[1]

① 参见陈祖武：《永远的楷模》，载《科学与无神论》2015年第4期（总第96期）。

八 主持历史所工作

我是如何走上行政岗位的

在学术上稍微有一点成绩，名就上来了。在90年代初，我发现，所领导可能在有意培养我。为什么我这样认为呢？这与当时特殊的背景和一件事有关。

20世纪80年代末、90年代初是一个很特殊的时期，社会秩序较乱，历史所也如此，领导班子几乎处于半瘫痪的状态。在此情况下，已经退休的林甘泉先生受命于危难之际，重新出来主持历史所工作。那时，甘泉同志已经从领导岗位卸任，然而突发事件的骤然冲击，致使历史所领导班子处于半瘫痪状态。院党组负责同志几次找甘泉同志商量，希望他能再度出山，收拾困难局面。为了党和人民的事业，甘泉同志将个人得失置诸脑后，毅然重新挑起治所重担，历史所又重新走入正轨。在度过这一特殊时期后，历史所重新组建了领导班子，林甘泉先生才正式退出，由李学勤先生出任所长。

这其中的过程曲折，是林甘泉先生事后告诉我的。20世纪90年代中叶以后，我被吸收到国家古籍规划小组参加工作会议。当时国家经济状况远不如现在好，与会人员往往是两人共用一间宾馆客房。一次在香山饭店开会，我恰好与甘泉同志共住一室。两天的朝夕相处，甘泉同志不但给我讲了历史所建所以来艰苦奋斗的历史，讲了必须坚持党的领导和马克思主义指导地位的道理，讲了从郭老到侯外老一代接一代的优良学风，而且还特别回顾了80年代末，历史所从未遇到过的困难局面。

90年代初，风波以后，我就发现一个问题，什么问题呢？就是感觉所里在有意培养我。一个事情就是我突然承担了一个任务，就是对80年代的“文化热”如何评价的问题。当时所党委就交给我这个任务，说，你把80年代我们国家“文化热”的兴起、发展过程梳理一下，总结一下里边的经验教训，作为一个课题，党委委托你来做。事后我就想，所里可能要培养我了。因为我是做清史的，与这样现实的课题关系不是很密切，加之又不是党员，怎么把这样重要的课题交给我呢。

我为什么讲我和冯天瑜①先生是好朋友呢？就是因为这事。提纲写出来后，我还把它寄到武汉大学，请天瑜兄看呢。他也认可。写出提纲后，所党委几位负责人找我，林甘泉先生也在。一位党委书记、一位副所长，还有林先生，他们三位就找我来谈这个提纲。总体是肯定这个提纲，说了很多鼓励的话，同时指出还要加深对“文化热”背景的分析。因为那时我的眼光毕竟不高，看不到“文化热”背后还有更大更广阔的背景，包括国际背景，所以还要放开眼界，深入剖析国内国际的背景。本来我都想继续做下去的，也收集补充了更多的材料，但不知何故，过了一段时间，就无声无息了，再不催我了，课题就这样不了了之。

通过这个事，我感觉大概领导可能要培养我了。到了1993年，所党委一位领导同志就来找我谈心，交流思想，让我加入党组织。加入党组织后不久就把我提为副所长了。当时李学勤先生是所长，我就当他的副手。当然，副手不止我一个，还有另外两位。我具体分管科研。所以，我是大概从1993年年底，就开始走上行政岗位。从那以后，就再没有整段的时间，能像以前那样专心致志地从事科研工作。作为一个知识分子集中的地方，历史所问题也不少。我说的“问题”不是指敏感的政治问题，而是指各种各样的具体事务。

① 冯天瑜（1942—），湖北红安人，历史文化学家。1994年任武汉大学教授。著有《明清文化史散论》《中国文化史断想》《中华元典精神》《张之洞评传》《新语探源》《“封建”考论》等。

各种问题都会暴露和出现。我也不会处理，我是真不会做事。所以需要分很多心来学习，学习如何做行政，学习如何进行科研管理和服务。真叫“费力不讨好”啊。

虽然不能再像以前那样专心从事专业研究，但是我知道不能放弃，也始终没有放弃专业研究。有一次，社科院的一位副院长汝信同志对我说，祖武同志啊，你千万不能忘记你是一个学者，一定要做出第一流的学问来，只有如此，社科院和你们所，才会认可你，你千万不能把学问丢了。这是汝信同志给我讲的，当时他找我谈工作，就趁机给我这样说。我答应说“好”。林甘泉同志也再三给我嘱咐，意思与汝信同志一样。林甘泉先生说，你是专家，是以专家身份进入班子的，你永远都要做专家，否则就失去进入班子的意义了。

1993 年我担任副所长，1998 年开始任所长。如果说，我任副所长前，稍微有所察觉的话，那么，出任所长则完全是意外。任所长前，没有任何人找过我谈话。按道理，这种任命是要报中组部备案的，至少分管院领导要找我谈话，院里组织部门应该找我谈话，但是都没有。当时我正带领一个由 3 个人组成的代表团在日本访问。访问回来第三天就接到院党组办公室的通知，说，明天院领导要来所里开全所职工大会，有任命决定，请您务必参加会议。在会上，院领导当众宣布，院党组决定，由陈某某同志任历史所所长。这让我始料未及也大吃一惊。

郭老、陈援老、侯外老都曾担任历史所所长，他们都是德高望重的老前辈，我的前任李学勤先生是我的师辈，也是著名学者，名气很大，我不能也不敢与他们比。我估计是当时院里一时找不到合适人选，又做了民意调查，才让我担任的。如果没有民意测验，可能就不会让我担任。还有，绝对要有老一辈或者院领导、所领导推荐，而且是有分量的人推荐，院党组才会考虑。

没想到从此一干就是十年，直到 2008 年，我才卸任所长一职。

无奈的行政兼职

从1993年开始做副所长，到1998年任所长，再到2008年卸任，这15年时间，可能是我最辛苦的时间。从体力消耗，到脑力消耗，整个身体完全透支，学术研究也放缓了，所以我说是“无奈的行政兼职”。

从此以后就相当艰苦，白天在所里处理行政工作。当时所长是李学勤先生。李先生是我的师辈，又是著名学者，事务特别忙，作为他的副手和学生，我要承担很多工作，我也很乐意承担。这些工作费了我很大力气，还做不好，因为我不会做管理工作，以前也没有做过这样的工作。晚上和周末、节假日就在家读书，做科研工作。哪里都没去，也没有陪老伴看电影、逛公园、进商店，也没有做家务。长期如此，严重超负荷，久而久之，就把身体搞垮了。身体健康年轻时候无所谓，60岁以前还无所谓，60岁以后，各种疾病都来了。1998年以后，我担任所长，全面主持历史所的工作。如果说我以前任副所长时，上面还有书记和所长，可以稍微轻松一下的话，那现在则是独当一面，就更加忙碌。所以，再也没有像90年代中期以前，出那么多的好成果、好论文。

我的很多好的论文都是80年代和90年代初出来的。《学案史》也是1993年完稿的，1994年台湾出版；《学术思辨录》是1990年完稿。当了副所长后，就出不了大书了。《清儒学术拾零》只是我的学术论文分类汇编的，是论文集，不能叫专著。在台湾出的《衰世风雷》[1]，虽然在2000年出版，那也是90年代初的作品，那是我早年写的。

① 陈祖武：《衰世风雷》，台湾万卷楼图书公司，2000年版。

包括后来《乾嘉学派研究》，也是我与年轻学者的文章的汇编，其中收进我的文章也是我早期相关研究成果。真正对学术界有贡献，花了我很多心血，可以传之后世的是《乾嘉学术编年》。兼了行政工作之后，我有分量的文章几乎都在台湾。因为从1992年到2003年，我每年都去台湾参加学术会议。既然要参加会议，就要提供学术文章，每次去，你总要有一篇文章。所以，好多文章都是在台湾发表的。

一直到2008年卸任以后，我才又能潜下心来，开始整理自己这一辈子读书的札记，所以才有2011年完稿的《清代学术源流》。这是把我自己几十年来关于清代学术发展的历史演进过程和需要关注、解决的一些大问题，系统地提出来了。其实，从《清代学术源流》到《清史稿儒林传校读记》，都是我这几十年读清史的札记。

所以，我的学术研究如果做一个划分的话，那么可以我的行政兼职为一个分水岭。在此以前，是我的学理研究阶段；在此以后，则是我的读书札记整理阶段。

如果按照80年代到90年代初的路子，也许我的学术研究会走得很远、很深，但因为行政兼职，无可奈何，就只能放缓。结果不但是身体透支，行政工作也没做好。自己没有（行政工作）那个能力啊，也不是做行政管理的料子。关于这一点，我曾经向两任院长，即李铁映同志和陈奎元同志，当面汇报过。我的头脑还清醒，自己是个学人，不是官员。一直到2008年我卸任，才终于可以完全回归学术研究。

当时陈奎元同志任社科院院长。他找我谈话说，祖武同志，我必须让你休息了，你是全院在岗的最后一位65岁的所长啊。如果你再不休息，我就无法跟其他所交代了。因为其他同志可能就会说，为什么他可以做（所长），我们就不能做（所长）了呢？你就放放心心地好好做学问吧。在院党组的领导下，历史所会继续做好的。所以，2008年我就卸任了。陈奎元同志很抱歉地表示我不能再继续担任所长，但实际上我很感谢他。

问心无愧的行政兼职

行政兼职是上级给我的担子，这个担子虽然把我几乎压垮了，我不胜其任啊。也确实占用了我大量的时间和精力，使我的学术研究不得不放缓，但实事求是地讲，是压力、是挑战，也是锻炼、也是成长。这条路，很艰苦地往前走，总算把这条路铺出来了。我个人也受益。受益什么呢？相对于以前，我的眼界开阔了、视野更高了、心胸大了。这个岗位使我得以站在一个更高的立足点，所以看得更高、更宽、更远，把握学术问题就能真正贯彻郑老当年教诲我的要注意前后左右、东西南北的联系，对之有更深切的体会。另外，要解决重大问题的学术勇气也更坚强了。

院党组当初任命我为所长时，我毫无准备，并且要我当场就表态。我就讲了两句话。现在还健在的与我同时代的老人一定还记得很清楚我这两句话。一句话是，谢谢院党组和全所同仁的信任。大家都知道，我是一个读书人，只会读书，不会做事。第二句话就是，既然党组相信我，全体同仁相信我，我往后只能为大家做两件事：第一件就是把郭老、侯外老他们开创的实事求是、一丝不苟的优良学风传下去。第二件事就是绝不以权谋私。我就讲了这两句话，全场鼓掌。那时历史所的人很多，两百多人，全场鼓掌。我以前还从来没有享受过全所同志全体鼓掌这种待遇。我想，这是因为，我心目中想做的这两件事恰好是顺应了大家的期望。因为，那时学风已经开始浮躁了，社会风气也不好了。很多干部，尤其是领导干部的以权谋私问题已经成了党和国家需要迫切解决的社会问题了。

我是 1993 年开始任副所长的，当时有下海经商的风潮，很多科研院所都深受冲击。历史所那时不说多，也有好几位很能干、很有前途的科研人员也暗中下了海，去兼营商业去了。我体谅他们的苦，所以也睁只眼闭只眼。后来他们回到所里来继续做科研。人是回来了，心却回不来了，追求回不来了，所以就再也做不出像当年我认识他们时那样的学问了。其中有些已经过世了，有几位还在世。当时社会客观环境、风气对我们的学风建设、队伍建设的冲击太大了。所以，如何把历史所的优良作风坚守住，就成了当务之急。后来有些人说，我们历史所是一块净土，总体来看，历史所还是比较规矩的。除了少数人不能安心外，大多数人还是能够坚守学术的。

当时我们坚持不随波逐流。我明确提出，不搞创收，反对创收。我说，我们是学术研究机构，国家是希望我们出第一流的学术成果，国家不希望我们去赚钱。所里的党委书记无可奈何，只有采取把所里多余的房子租了出去的办法，以缓解办公和科研经费的困难。或许这也算创收。但这是不以牺牲学术为代价的创收，学术和学者没有受到影响。我做得最坚决的一是反对创收，二是反对将历史所的图书馆分散，纳入社科院的图书馆。当时社科院要求把各个所的图书都集中到院馆去。我当时明确地给院领导讲，如果你们要收历史所的书，你们就先让我辞职。我说我对不住老一辈这几十年辛辛苦苦积累起来的学科、专业用书啊，这些是成体系的书啊。在我卸任以前，院里总算没有收。现在已经收了。

我不以权谋私，所以这 15 年，我也问心无愧。我现在住的这个房子也是做副所长之前分给我的。那时，胡绳同志任社科院院长，他得知我比较困难，居住环境会影响我做学问，才特意安排我住进这个房子的。当了行政职务唯一得到的好处是装了一部住宅电话，这也是出于工作需要，其他任何好处都没有。我也不向国家要任何东西。说实在的，我不光对不住我的老伴，也对不住我的孩子。按照一些干部中的坏风气，他们的工作问题，也许我讲一声，在社科院哪个所，或许都会得到妥善安排，但是我没有，没有为他们的工作问题去找人，所以我的两个孩子现在都是失业的。1985 年，我们全家才得以在北京团聚。那时我们刚到北京，非常困难，大孩子成长时期，因为我们连三百块钱都拿不出来，所以他的教育受到影响，不能就读高中。孩子也体谅家庭的苦难，说，不要增加父母的苦了，就读了技校。

在此方面，我也要感谢历史所前辈领导和老师，特别是林甘泉先生。林甘泉先生在新中国成立前就参加革命，是一位德高望重的老党员、老前辈、老领导。他数十年如一日，严于律己，宽以待人，从不因个人利益而向组织伸手。晚年多病，每次到医院，往返数十公里，从不向研究所要车，悄然而来，悄然而去。早在跟从杨向老求学时，我就从杨向老口中得知林甘泉先生。“甘泉同志”，这是杨向老对他的称呼，这四个字，是榜样，是楷模。[1]见贤思齐，作为后辈学生，我理应如此。

我当初说的两件事，应该说，是做到了。但是客观讲，也有很多不足和遗憾。相对来说，我的个性是比较内向、比较保守。性格上的缺陷也影响工作，我也没有去拉关系、找门路这些本事，不仅我自己没有这样去做，我也没有为所里对外的联络去想办法，我没有这样的能力。所以，所里对外交流，通过加强与各个省市的高校和学术研究机构的交流合作，以共同提高学术研究水平等方面，我做得很不够。严格地讲，这是我做的自我批评、解剖。也许我耽误了历史所的发展。

可以告慰的是，即使在最困难的时候，历史所优良的学风都

① 在林甘泉先生去世后的一次纪念会上，陈祖武先生做了深情的发言，题为《楷模：永远的甘泉同志》，载于《中国史研究动态》2018年第3期。

得以保存，这是第一位的。也没有出大的政治问题，也没有出大的学风败坏的问题。我是很响亮地把“求真务实”作为我们全所追求的共同目标提出来。历史所建所五十周年，我主持编的《求真务实五十载》，题目就是我取的。后来建所六十年，他们依然用的是这个题目，《求真务实六十年》，说明这得到大家的认可了。这也是我实践郑老在过世前那次对我的教诲。

行政兼职 15 年的公务工作，交给历史和后人去评说，我只能说的是我力求问心无愧，就像当初我接受任命时表态的那样，坚决做到全心全意为大家服务和不以权谋私。

九 履职中央文史研究馆

感谢国家，感谢党，感谢人民！2008年，我卸任历史所所长职务，次年即被聘任为中央文史研究馆馆员。这也是我没想到的。

这张照片即是当时任总理的温家宝同志在中南海颁发聘任书时的留影。你看，那时我看上去身体多好。大家开玩笑，我与家宝总理长得有点像，好像两兄弟。这张留影是国务院参事室做的。颁发完聘任书后不久，国务院参事室的同志把这张照片送到我家里，我这才知道他们当时在照相，也可由此看出参事室同志们工作的认真和有心，当然也可看出国家对参事室和文史馆的重视。也不知道是谁推荐的。家宝总理也不认识我、知道我啊。

当然我知道到中央文史馆，党和国家——我个人的领会是两方面的目的：一个是希望我把国家和人民这几十年的培养，所学到的知识在这个岗位上为国家学术文化事业服务。一个是文史馆那个平台比社科院还要专门，还要特殊，它是一个老一辈的大家——文史书画的大家比较集中的地方，我想中央和国务院也有另外一层考虑吧，就是希望我能够在这个高的学术平台上，把在社科院没有完成的学术研究，继续推向深入。我的领会就是这两点，也按照这两点开展我的履职工作。

我按照自己心目中国家对我的期待，把国家文化建设摆在第一位。参加了几部大书的编撰，比如说《中国地域文化通览》《中华传统美德一百句》《中华传统文化经典百篇》，其中第一和第三部，都是让我挂副主编的名。这是很不容易的，主编都是国务院参事室和中央文史馆的领导同志。编这三部书的同时，要出去调研，我在社科院时，很少出门。到文史馆后，全国各省，除了新疆和西藏，其他省市自治区几乎都走了。这一方面是编《中国地域文化通览》的工作需要，也是为国家建言献策的需要。我想在文史馆这么多年，党中央和国务院期待我做的事，大致还没有辜负。

《经典百篇》是时任中央领导同志倡议的，《传统美德一百句》[1]也是得到时任中央领导同志肯定的。当时我都在场。在《传统美德一百句》一书上，文史馆和参事室给我的待遇是很高的。他们把我的名字与其他大家一起列在腰封上。我不只是挂个名，而且也是真正地参与了。《传统美德一百句》，我是逐字逐句地审读的。这个书编好后，送给当时在建的鸟巢、水立方旁边的那个建筑工地——即今天的中国历史研究院——的工人。当时去的人不多，代表参事室和文史馆的，有舒乙先生等，也把我安排去了。我们到了建筑工地现场，亲手把书送给工人们。除了参与编撰书籍外，若干建言献策的会议，我也能说真话、说实话。说在点子上的话，解决问题的话。

最近三年，也就是《经典百篇》完成以后，国家又把我安排到《百部经典》中去做编委。这是中央领导同志抓的一个大的学术文化工程。大概十来位编委，除了我是社科院的外，其他都是教育系统和文化系统的同志。这个编委要做实事的。过去，疫情之前，每个月要开一次编委会；疫情之后，由于疫情影响，就改为通讯编委会。还是照样的一两个月要开一次编委会。一方面要按时参加编委会，另一方面要审读书稿。现在这套书已经完成一半了。“十四五”期间，能够确保完成。

我这一年多，大病一场，我原以为好不了。现在看来能够缓过来了。也不知道还有多长时间。身体健康略有恢复后，我又开始给他们看稿子了。我看了两部稿子，一个是《日知录》，一个就是《文史通义》。我详尽地、逐页地看了。能改的，我都尽可能地改出来了，写在条子上。据他们编撰办公室的同志们讲，我的批改原件，

① 国务院参事室，中央文史研究馆编：《中华传统美德一百句》，人民出版社2014年版。该书为国务院参事室、中央文史研究馆在贯彻落实总书记关于弘扬中华优秀传统文化指示精神过程中，在时任国务院参事室主任、党组书记陈进玉同志主持下，延请饶宗颐、许嘉璐、王蒙、袁行霈、汤一介、陈祖武等馆内外专家编写。

他们都收存、存档了。假如我身体好，能过几年再走，我的计划当中，至少还要看三本，为国家再看三本书。一个就是龚自珍的《定庵文集》，第二个就是魏源的《海国图志》，还有一个就是戴震的《孟子字义疏证》。我想，我要坚毅顽强，至少要为国家看这三部书。现在专家都正在写。

这套书的审稿都是编委会安排的，具体审哪些书，他们事前会征求意见。但这三部书的书稿是我个人想看的，当然，这只是我个人的想法，我还没有给编委会讲。《海国图志》是魏源的书。我做过魏源的研究。我以前出的《衰世风雷》，就专门谈龚自珍和魏源。我认为他们是在中国最危险、最一蹶不振的时候，发出的一声救亡图存，所以书名叫《衰世风雷》。魏源的这本书就是变法图强，向西方学习先进的东西，“师夷长技以制夷”，是开风气的一本书，所以我愿意去看。我读过魏源的书，也发现过去编撰魏源集子时，其中的一些失误。我也就此给湖南人民出版社的一位负责人讲过。在有关出版社编纂的魏源集子中，把本来是刘逢禄的一篇文章收到其中去了。之所以如此，我估计是魏源在整理刘逢禄的集子时，看到后者《春秋论》这一篇文章，很是赞成和喜欢，就抄录了一遍，随后放在书架上了。后人在整理魏源集子时，就错把它当作魏源的文章了。现在做《定庵文集》这本书的专家水平很高，是做龚自珍的专家，也是我们所的同事，比我还长一岁，本来应该完成了，但可惜也在病中。《孟子字义疏证》是安徽大学一位教授在做。这位教授比你略长几岁，五十多了。至少这三本书稿，我还愿意看。

这套书是中央责成文化部主持实施的，由袁行霈先生任主编。启动时，中央有关方面负责同志亲临现场指导，之后每次编委会工作简报都要送请阅示。所以这套书的编纂很严格，比如《日知录》，最初选了一位专家做。我花了很大的功夫去看稿子，也改了很多，改而不能再改，因为它涉及基本主张的分歧，所以最后就只有忍痛割爱退稿了，另外物色了一位专家来做。后来这位专家的稿子已经看完了，也定稿了，大概明年可以见书。

2020年春，我大病一场，这是出院以后近期写的几个字。

养疴经年，近有一悟，谨录留箧中：

知足感恩　悄然而化

陈祖武

二〇二一年五月五日

“知足”，就是这一辈子国家待我很好，我很知足；“感恩”就是感谢党、感谢国家、感谢人民对我的恩情。当然，最先我要感谢我的家乡对我的培养教育。我心里始终有恩重如山、难报万一的观念。“悄然而化”，林甘泉先生就是一个榜样。我主持所里工作这十年，甘泉先生从来没有为私事找过我。包括他去医院看病，理所当然可以用公务车的，但是他从来没有用过。这点我是学习他的。我想悄无声息地不要给国家增加任何麻烦地化为乌有。现在老天爷又让我继续待一段时间，我依然还是坚守我们学人的生也有涯、学无止境的古训，尽可能地多读书、多帮国家做点事。我现在做任何事都是一种感恩的心理。

2021年国庆期间录于北京潘家园陈祖武先生寓所

回乡录

编者按：2021 年 10 月 12 日至 24 日，陈祖武先生重返母校贵州大学，参加感恩书屋揭幕仪式。应贵州大学历史与民族文化学院之邀，做了系列学术专题演讲。其中多有对自己学术研究的回顾。兹选录三篇。其中部分内容与《口述史》或有重合，但因为面对的是特殊的听众——母校师生——讲法和内容都有所不同或侧重，同时也为了保持内容的连续完整，所以也一并保留。另有两篇此次回乡期间的访谈交流记录，亦一并收入本部分。

“为学”与“为道”

——陈祖武先生谈治学方法与人生经验

陈祖武　口述

黄　书、李儒霄　整理

还记得小时候，我的祖父用圣贤教诲来教导我，为我发蒙。童年时代，我的家境是比较殷实的，我的祖父是贵州一位小有名气的中医师。那时我家门上挂着一块金字黑底的大匾，上面写着“是乃仁术”四个大字，我的发蒙要从这四个字说起。

祖父每天都起得很早，起床后就研读医书。家里藏书很多，除了医书，还有四书、《古文观止》这类的古书，以及很多基础书。我祖父起来除了看医书外，往往还会拿一本单行本的《论语》，我的发蒙就是祖父读《论语》给我听，就是这样发蒙的。当我刚有桌子高的时候，知道要帮祖父做一点事，我就会拿个小板凳垫着脚，给祖父磨墨，便于他开处方。我发蒙后向祖父提的第一个问题就是问，我们家门口的那四个字是什么意思？我祖父就讲：“‘是乃仁术’，这是圣贤的教诲，就是说我每天坐在这里给病人把脉、开处方，让他们去抓药，把病治好了，这就叫仁爱之术。”所以从我发蒙开始，知道祖父要我爱护他人、尊重他人、礼让他人，我从小就是接受这种教育。

我在旧时代读了半年的书，入学时年纪五岁多，在贵阳正谊小学念书。小学时代我成长得很好，正谊小学是贵阳比较好的一所小学，校长我都记得清清楚楚，是陈寿轩先生，在贵州也算数得上名的教育家。恰好老先生的女公子陈德芳老师是我的级任老师，那个时候不叫班主任，叫级任老师。在陈老师的引导下，我的“三观”逐渐形成，陈老师给我的教育和我受到的家庭熏陶完全吻合。新中国成立以后，给我这一生为人为学奠定根基的就得益于建国初期的“五爱”教育，就是爱祖国、爱人民、爱劳动、爱科学、爱护公共财物。新中国成立以后学校已经变成公立了，公立后就叫会文路小学了。我请王进老师（贵州师范大学教授）费心帮忙打听，听说现在这个学校已经不在了，但是校址还在。过去那是一所古庙，我记得偏僻处还有泥塑菩萨被木板包在里面。“五爱”教育奠定了我这一生为人为学的根柢。所以你看，尽管往后我这一生，无论是家庭也好，个人也好，都经历了好几次挫折，但是初心始终没有动摇，对国家、对人民的爱始终没有动摇过。

爱科学，对我们读书人来说就是爱读书，要去追求知识，所以我一辈子都在读书。也爱劳动，勤劳俭朴，我从来不去什么大宾馆、大饭店，从来不去。有一年，我在国家图书馆文津讲坛，时间好像是 90 年代初，他们让我去作讲座，讲乾嘉学派。那时很多人都对知识很渴望，讲座也对社会大众开放，只要你来报了名就可以进来听。当时就有个好学的工人发问，他问：“陈教授您一个月拿多少工资？”后来我就跟他讲，我说我所有的工资加起来四千块钱，四千块钱人民币，结果就哄堂大笑。我跟大家讲过我有用不完的钱，那是因为我也不花钱，不去参加什么高消费的活动，就是买点书，一身衣服从上到下可以穿很多年，就是内衣内裤要经常换。现在国家给我的薪水很多了，更用不完了。我讲这个就是说，小时候的五爱教育给我奠定了这一生的为人为学根柢。

我大概在小学三年级以后加入少先队，一直到初中，到初中二年级吧，我始终是大队长，始终带着三道杠，所以可见那一段的人生是很顺利地成长的。过去我们贵阳市每逢“五一”劳动节，劳动模范要聚会，我们少先队员要去献花，我每年都是要去献花的，在学校里边受到老师和同学们的爱护。

我记得我从会文路小学离开以后，学校的校长在开全校大会时，还提到我，叫大家向某某人学习，所以从小学到初中成长都很顺利，那自然书也读得很好。不仅书读好了，而且人也做好了，为学为人的根柢也打好了。但是进入高中以后家境陡然大变，因为我祖父53年过世以后，家道就已经中落了。过去我们家有一个很大的院子，现在都不在了，过去我们就住在贵阳中华南路的南端，有一条小胡同，北京叫胡同，我们贵阳这里叫巷子。这个巷子叫大公巷，就在贵阳邮电大楼的南边，直线距离不到500米。当时晚上晴朗的时候，我和我的哥哥，往往会躺在院坝里边数天上的星星。现在院子已经不在了，家也不在了，那条巷子也不在了。我的童年时代是很幸福的，初中在贵阳二中，高中就进入贵阳最好的高中——贵阳一中。

原本成长环境是很好的，但家境陡然巨变，人一下就几乎被压垮了。我也不知道我们家怎么越来越艰难，和过去大不一样了。这个还是小事，毕竟一日三餐还有保障。政治上就受到歧视了，能去献花的那种待遇没有了，我向共青团提出申请，要加入共青团，被拒绝。一个少年刚刚进入青年时代，就受到这样的待遇，想不通，不知道什么原因。我们现在就不过多想它了。回个头做个总结就是，那个时候唯成分论。所以高中时期不仅生活很艰难，成长的道路也极其曲折。

我原本以为我不能去上大学了，都做好了高中毕业就去谋生的打算。没想到我们贵大历史系能把我录取。后来很多人跟我讲，按照你们家当时那个条件，任何大学都不会要你的，所以我很感谢贵大。这一次来母校，我听王进老师告诉我，贵大也有老师告诉我，你大概是当时赶上老校长陈希文先生，陈校长破格收了好几个类似于我这种情况的学生。可能是因为陈校长的恩德，我才进了贵大。

在进入大学之前，我做人的根本和读书的根柢都立得比较好。只是性格变了。过去在家是温文尔雅、文质彬彬，到高中就知道了人世的艰难、知道什么叫政治歧视，然后慢慢就变得与世无争、逆来顺受。高中三年把人的个性都扭过来了，但是好在根柢还在，性格就向着那个与世无争的方向转变过去。所以我这一辈子与世无争，从来不去争什么名利。

我为什么说老天爷不辜负我，这一辈子，确实老天爷很眷顾我。那个时候我们在贵大读书生活很艰苦，不像现在大家条件这么好，大家赶上我们国家的好时光了。那个时候我不仅感谢贵大把我录取进来了，而且还给了我全额助学金，每个月给11块5，那一日三餐就足够了，能够吃饱了。那时候我们吃饭是学校包的，就是每一桌8个人，早中晚都是这8个人坐一桌，11块5就足够了，生活上有了保证。本来录取通知接到以后，常人都是欢天喜地，我却是蒙头大哭。

来到学校很好，又碰到很多好的老师，那个时候我们历史系在贵大应该是比较强的系。我记忆中在中文系有大家级别的张汝舟先生，我们历史系有姚公书先生、新民先生[①]（贵州大学中国文化书院创院院长、荣誉院长）的老父亲张振珮先生，还有曾昭毅先生等。那个时候我们历史系的中国史和世界史的教学体系是很完整的，我们的中国史不仅能从中国上古史一直讲到中国现代史，而且世界史我们也可以从世界古代史、中世纪史一直讲到世界近现代史，乃至国别史都有老师讲，而且有很多都是第一流的老先生。比如中国史，引我入门的是新民先生的老父亲振珮先生，当时振珮先生跟我们讲的是中国上古史和历史文选，所以我能够知道历史学怎么入门，这是张先生带我进去的。那时，我们历史系在两层黄楼里（现为贵州

① 张新民：贵州省儒学研究会创会会长，中国文化书院创院院长、荣誉院长。

大学研究生院办公室），那栋楼现在还在，这一次我去看了。有一年国务院参事室安排我们来贵阳休假，就住在花溪宾馆。我还带着老伴，悄悄回母校来看过。那次我们没有给新民讲，学校我们也没有讲，就悄悄过来了，找我过去念书的那栋黄楼，我们还在楼前面照了一张相。

我们好多同学都是在那栋楼里读书成长起来的，包括现在在国际舞台上鼎鼎有名的龙永图同志。当年我们历史系这一班级很小，才 13 个人。龙永图同志他们那一班也不大。那时一间大教室从中间一分为二，他们外语系借了我们的半个教室。我们在这半个教室上课时，有时候还听见那边念英语。当时张先生跟我们讲课，我记得那个时候条件比较艰苦，冬天教室里面没有暖气，也没有生炉子，老人家给我们津津有味地讲上古史，背《周易》、背《尚书》、背《诗经》，讲得兴致高的时候，老先生的鼻涕淌出来也顾不过去擦。我就这样跟着张先生，在历史系各位先生成系统的指引下学习历史学知识。虽然还没进入历史学领域，但总算知道历史学的大门在哪里了。其他老师我就不回忆了，回忆有很多，要讲几天几夜。

离开贵大以后，这个该不该讲呢？还是讲讲吧！

我们毕业的那一年，北京军事博物馆来贵州要招一个历史系毕业的。那个时候贵州只有我们贵大和贵阳师院有历史系，大概学校推荐的是我，最后人家也选上了，是以成绩为标准。我记得当时我们毕业前，周畅根老师和上海华东师大的一位好像是姓冯的女教授，记不起她的名字了，讲中国现代史，那位女老师主讲，周先生那时候很年轻作为助教。学习中国现代史时我写了篇论文叫《论中国抗日民族统一战线》。我写了这么一篇文章，大概军事博物馆看上了这篇文章，专业上算是通过了，后来政审不合格。因为那个时候我老父亲还在蒙冤，在监狱里面，直到 1975 年才特赦。所以自然我不能进入要害部门，军事博物馆当时应该也属于要害部门。

这些我都不知道，我离开学校以后回来探亲。是我们贵大的一位女同学告诉我的，我也不讲她的名字，我估计大概可信。她的丈夫当时是我们的辅导员，当时是相当于部队的指导员。

后来我分配到了昆明。到昆明以后，当时我们那一届到云南的有很多名牌大学毕业的，有100多人。大家都在云南饭店等候分配。我很感谢云南省人事厅，他们没有歧视我，没有歧视我的家庭出身，也没有瞧不起我们贵大，居然分配得很好。很多名牌大学的年轻人绝大部分都到边疆去了，很有限的一些人留在昆明。我也留在昆明，把我安排到了一所中等职业学校去教书，就不是教历史了，而是教语文。教了还不到一年，那一场浩劫就来了。

那个冲击力量极其大，对我们的国家、对我们的社会、对我们的民族，破坏力极大。学校的学生们全都到边疆当知青去了，教职工队伍解散，学校不再办了。就把我下放到昆明东郊粮食转运站，让我去扫仓库，扫火车皮，扫了好几年，吃了几年苦。但是我和工人建立的友谊很深厚，有些就像我和新民一样，成为好兄弟。

当年我在货场扫地，有一位来拉粮食的汽车驾驶员，他虽然没有多高的文化，但很喜欢读历史书，他始终喊我老师。尽管我只是个扫地的，他们都喊我老师。他说："陈老师呀！看见你拿着一把扫帚，我就想起了苏武牧羊的故事。"这个人他是读过书的，后来我们成了很好的兄弟。他们一直关照我，他的另外一位工人朋友是位修车的师傅，直到现在我们还是好兄弟。我病的这一年多里，新民和在昆明的这位好兄弟都不断地跟我打电话，不断鼓励我与病魔做斗争。我在那段时间交了很多的工人朋友，我从他们的身上学到了朴质、吃苦的精神，学到了他们那种开朗的情怀。

有一次我去扫火车车厢，那节车厢是装过做电池的炭黑材料的，扫完以后，不仅我的工作服、工作裤黑了，脸黑了，而且内衣内裤全都黑了，炭黑是可以渗透到衣服里面的。这一段经历虽然很艰难，但也没有把我的意志摧毁，我依然每天回到家都读书。读什么书呢？学生时代我很穷，买不起书，很多书我是手抄的，我离开家乡到云南去，书包里面就装了两本书，那是属于我自己的，一本就是当年已经出版的郭老的，即郭沫若先生主编的《中国史稿》的近代史部分；另外一本，就是我们当时历史系开了一门很好的课，不知道现在还开不开，就是《马克思主义经典作家论历史科学》。学生时代我就用有限的零花钱买了这两本书。我去昆明就带了这两本书，在“文化大革命”最困难的时候，我每天就读这两本书，我从这两本书中受益不浅。

读近代史，我就回忆起当年在贵大的杜文铎老师与吴廷栋老师，是他们两位给我讲中国近代史。我把他们讲授的内容和郭老的书结合起来学习，我的近代史的根柢还可以。

另外最值得感激的就是那本《马克思主义经典作家论历史科学》，它使我坚定了在我们中国要研究历史学，必须坚持马克思主义唯物史观的道理。这是我矢志不移的一种历史观，我的学术研究方法的形成就是得益于这本书。

后来我把这两本书也带到北京去了。《中国史稿》那本，毕业时送给了我的大师兄。我的大师兄长我 5 岁，当时我去念书的时候已经 35 岁了，他则是 40 岁，本科是北大历史系的，62 年毕业。我的二师兄也是北大历史系的，他 61 年进校。我的两位师兄毕业以后都没有留在历史所，所里只留了我一个人。他们两位都分出去，大师兄到青岛，海军潜艇学院，他到潜艇学院去教中国近代史，作为临别礼物我就把这本《中国史稿》送给他了。说不定我的大师兄，他也能从这本书得益，他就带着这本书去了。经典作家的那本书，因为我读得很烂熟了，放在家里面，不知道放在什么地方了，也不知道这次搬书有没有一起拉回学校来了。也有可能在我睡的床后边的柜子里面，因为那个柜子无法打开，如果强行打开就要拆床了。以后等我走了，学校再去清理一次，把所有的书都搬过来，说不定那本《马克思主义经典作家论历史科学》就在那个柜子里面。

我还能继续读书要感谢党中央，感谢国家。1976年粉碎“四人帮”以后，国家还知道那个地方有一个读书人，粉碎“四人帮”以后就把我借调出来，我就离开了那个扫地的岗位。虽然不是正式调动，但是离开了，而且调到可以发挥作用的岗位。我到了昆明市委、市政府，借调去做文字工作。到了机关去他们就让我当笔杆子，来批判四人帮的倒行逆施。

记得上次王进老师问我，我这一生写的第一篇文章是什么？我说要讲第一篇文章啊！是我在贵大当学生时写的，而且那时候写了以后不知天高地厚地就寄到《光明日报》去了。那时《光明日报》有个副刊叫“东风副刊”，那上面刊登了一篇很短的小品，是什么小品呢？是我在报纸上看见华君武先生的一幅漫画，华君武先生是有名的漫画家，他讽刺我们有些干部言行不一，讽刺他们谈虎色变。我就把从华先生这幅画里读出来的感想写成了一篇小品文。那时候没有稿纸，我就用上课做笔记的本子，撕下一页来写，写好就寄出去了。那时候真是不知天高地厚啊。64年冬天，按照学校的安排到了贵州晴隆，参加“四清”工作去了。直到65年春天回来，才接到邮局的汇款单，《光明日报》居然给我稿费了。

当时不知天高地厚，投稿用的还是笔名，我也想不起具体用的是哪一个笔名了。我有个笔名叫作“余愚”，“余”就是“我”的意思，“愚”就是愚公移山的那个“愚”。另外一个笔名或许用的就是“史兵”，就是史学界的一个小兵，不知道当时用了哪一个。王进老师在我家的时候，我也拜托他，你们懂电脑，你们去搜一搜《光明日报》1964年年底、1965年年初的那个东风副刊上，能不能找到一个叫“余愚”或者“史兵”的人写的小品文。我记得那是第一次收到稿费，我记得很清楚，是通过邮局汇来的。

粉碎“四人帮”以后，我在昆明发的文章全都是大篇幅的，但都不是用我个人的名字，用的是写作组、大批判组的名字。那时《云南日报》很看得起我，邀请我去开座谈会。有一次，《云南日报》理论部的负责同志还到机关看望，我和报社的编辑成为好朋友，那时我发了很多文章。

说到我是怎样回到学术道路上这个话题，我要感谢昆明市委机关有一位中层干部。这位老同志有一次带我去做调研，我们的干部有个好传统，都要深入基层去调研。有一次她带我到基层去调研，到昆明西北郊，就是云大、师院、民院交汇的那条路，到一个工厂去做调研。回来的路上有意安排，经过云南省历史研究所门口。她称呼我为小陈，说："小陈，我带你进去认识一个人吧！"殊不知，那不是一般的人，是历史所的老所长，叫侯方岳。在旧时代侯先生是云南省地下党的负责人之一，新中国成立以后就安排到云南省当历史所所长。我们去拜望侯所长，侯所长了解了情况，老人家很好，他说："你就不要在他们市委机关再去浪费时间，我想办法把你安排过来。"就要接收我归队了。当时侯先生拿了一些资料，包括一本论文集，还有一些零散的资料。因为那个时候我们国家史学界，尤其是云贵川地区史学界，关于四川凉山彝族自治州的社会性质问题，是当时研究的一个热点。侯所长把资料拿给我，他说："你拿回去看看，过一段时间写一篇读书报告来，我再做安排。"

正在为侯所长写这个文章的时候，是1977年8月份，我记得很清楚。1977年8月份《光明日报》，发表了南开大学老校长郑天挺先生关于粉碎"四人帮"以后，如何推进教育工作发展的一篇文章。文章以清史为例，探讨经历"四人帮"破坏以后，我们历史学要如何复兴的问题。恰好《光明日报》那一段时间，还有小平同志关于恢复研究生招生制度的相关讲话。那时候年轻不懂事，我很冒昧地跟郑老写了封信，就把我过去在贵大念书的情况和我现在在昆明的情况向老先生如实报告。没想到的是，老人家没过几天就给我回信了。就鼓励了一番，我还能想到回信的内容——“你的愿望，我完全理解，但是研究生的招生工作国家还在安排，希望你好好准备功课。”郑老的信不长，老人家的亲笔信我接到后当然很激动，我很快就跟老人家回信，就表示我愿意到老人家的门下去做他的门生的愿望。这个时候就没有回信了，但是老人家之前给我的回信已经让我感到很幸运了。

郑先生的公子现在也是我们中国做明史很好的专家——郑克晟先生。郑先生现在都九十了。郑克晟先生说我给郑老的五封信现在都还原原本本的在他家，而且郑先生还让他的一位博士名叫孙卫国，现在也是南开的教授了，把它复印给我。所以现在我手上有复印件，这个我还没交给国家。其他我的一些手稿，包括一些老先生给我的信，都捐给国家了。国家图书馆也把我的手稿拿去收藏了。他们有个专馆就是专门收藏手稿。原国家图书馆馆长任继愈先生给我的两封信他们也拿走了。

1986年，那个时候我在中国社会科学院历史所已经成长起来，能做一点事了。那一年，我给中华书局的附属杂志《书品》写了一篇文章，叫《〈明儒学案〉成书时间的思考》，大概是这么一篇文章。因为这个问题，我们老一辈从来没有哪一位老先生提出来过。

这个文章送过去以后，没想到《书品》杂志居然把我文章的题目和我的“贱名”排在了封面上，而且和一些大家并列。比如有王钟翰先生、傅振伦先生等，居然也有我，和他们摆在一起，而且放在一些老先生的前面，中华书局大概认为这篇文章提出来的问题值得文献学上的专家们去好好讨论。恰好那一期刊物上有傅振伦先生评论史学界近几年来一些有代表性的作品，其中就有评振珮先生《史通笺注》的文字。所以我接到中华书局《书品》那期杂志后，拜读了傅先生的大作。因为傅先生关于中国地方志问题的论文集老先生也送过我。所以我一看有傅先生这样的大家来评我们振珮先生的大著《史通笺注》，我也是很高兴。我马上就跟张振珮先生寄去《书品》的这期杂志，因为中华书局给了我好几本，我就给张先生寄了一本，而且给张先生汇报傅振伦先生有书评评过《史通笺注》。振珮先生没过多久，就跟我回了一封很长的信。后来我才了解到老先生不久就要过世了。老先生给我回了一封很长的信，这封信主要讲两个内容，一个就是讲《史通笺注》的成书情况，讲了这个书还有很多不满意的地方，尤其是校对不好，还有很多失误之处。振珮先生还专门在那封信里面，夹了《史通笺注》的勘误表。那时候专门用很次的纸，叫毛边纸，是用黄色的很粗糙的毛边纸打印的，还看得出老先生用手写蜡版，很多补的字在上面。后来老先生又让贵州人民出版社寄了一套《史通笺注》给我。第二个问题就是把新民先生介绍给我，因为过去我们两兄弟都不认识，我想老先生可能过世前，不仅关心他的作品在人世间的流传，而且关注新民先生在学术界攀登高峰的问题。所以就把新民先生介绍给我，而且嘱咐我以后要多关心一下新民。但是这方面我是很惭愧的。回忆起老先生也是个高兴的事，也很激动。既是张先生跟我讲六经皆史、讲以诗证史、以经证史，把我领进历史学的大门口，同样也是张先生把我领进古籍整理的大门。

原来我没有从事过古籍整理，我的老师杨向奎先生是有名的史学家，更是思想家，他不仅通中国通史，而且他还通理论物理学，这是不可思议的。他对爱因斯坦的相对论提出质疑，他还像英国霍金一样，对“熵”提出讨论，他要研究“熵”。所以我们老师是个大思想家，他治学的路子和我们的振珮先生不一样。他对于文献上的问题看得很淡，而这方面就是张先生把我领进来的。因为那个时候是什么呢？杨先生晚年发愿做一个事，就是对徐世昌先生的《清儒学案》，他要重新编，叫作《新编清儒学案》。至于他为什么要留我在他的身边，一个就是让我来协助他做这个工作；另外一个就是我跟了他一年以后，老先生大概就准备把我培养成他的接班人，做中国古代学术史的接班人。所以我那两位师兄，我的老师几乎没有亲自指导，就让历史所的其他先生指导他们做政治史，那两位师兄都做政治史，只有我做学术史。所以当我第一年学业结束以后，杨先生很早就把我的方向定了。杨先生说治清代学术史要从顾亭林起步，这样就把我今后的努力方向给定了。他说你就做一个“顾炎武评传”。所以杨先生也是希望我能接他的班，但是接不了啦。杨先生关于自然科学方面，他的思考我一点不懂。他当年跟我讲墨子的《墨经》，演算的时候是用高等数学方程演算的。那些方法、方程式我简直听不懂，我不能接他的班，那个我学不了。但是杨先生做中国古代史尤其是古代学术史，那个我还可以慢慢学习。但是杨先生不重视文献方面的整理，他不下这方面的功夫。真正让我去在实践当中巩固文献学知识的还是振珮先生的《史通笺注》。对了，那个书我送回来学校来了，专门请黄诚老师带给新民先生看，那书我是一字一句读的，画了很多符号，体悟振珮先生是怎么做学问的。所以从 90 年代中叶，我们国家的古籍整理和研究的专家们或许也都认可我了。所以从 90 年代中期我就可以参加国家古籍领导小组香山工作会，就把我吸收到工作会议上面去了。一年一度的香山工作会我有资格进去了，当时都是一些大家，古文献学界的大家，我都和他们有交往，都向他们请教过问题。现在好些先生都走了，绝大部分都走了。

到了 90 年代末 21 世纪初，国家就把我正式安排到国家古籍小组去作为组员，这是国家给我很高的荣誉。除了振珮先生给我领的路，我当然还感激当时到了中国社会科学院历史所的时候，那些大家的教诲。历史所 54 年建所，建所以后，中央采取果断措施，从各个地方调了高校的一流史学家来营建历史所。所以历史所无论哪一个断代或者专门史都有全国的一流大家在那里。所以我很幸运，进入历史所的时候，除了顾颉刚先生和侯外庐先生年事已高身体不好、不能听他们讲课以外，其他大家都还在。我都有幸听过他们的课，所以这叫“兼师多益”。从甲骨文到金文有胡厚宣先生，秦汉史有王毓铨先生、林甘泉先生、田昌五先生，魏晋南北朝史有何兹全先生，隋唐史有唐长孺先生，宋史有邓广铭先生、陈乐素先生，元史有翁独健先生，明史不仅有谢国桢先生，而且还有厦大傅衣凌先生，清史有商鸿逵先生、王钟翰先生等大家，还有我的老师杨向奎先生和张政烺先生也讲一些清代学术史。对我的学术生涯最有关系的学科就是我在贵大历史系期间学习的历史文献学，那时系里没有开这门课，是振珮先生讲历史文选的时候讲了一些基础知识。

到历史所以后，我跟着张政烺先生和谢国桢先生学习历史文献学，尤其是版本目录学，知道读书要从《汉书·艺文志》开始，读《隋书·经籍志》，读《四库提要》，读《书目答问》，尤其是《书目答问补正》。我慢慢地就知道怎么去找书读了。所以在历史所这些年，我很感激老一辈学者，感谢这些老先生的提携，有些老先生对我很好。大家都知道谢国桢先生是我们国家鼎鼎有名的藏书家，他藏得有很多书，谢老的书我是可以去看的，可以借走的，只要你在他的那个小册子上登个记，那就可以拿走了，还来的时候，你再把你的名字划掉。我可以随时去谢老家借书。有什么问题可以随时向张政烺先生请教。我这几十年认识的中国史学界公认的学问大家，而且是为人的楷模，没有谁不承认张政烺先生。虽然张先生生前一本书都没写过，但是学术界依旧认可张先生，这就是老人家留给我们的风范。

今天限于时间就不一一地回忆这些大师们了。有些同志见我1986年能够在《书品》杂志上进封面，认为那是很了不起的事，很不容易了。再加上那个时候我们国家已经启动第一版大百科全书的编撰了，这个也是老一辈提携的。那时我的老师杨向奎先生带我，一个月见我一面，一个月交一次读书报告，平常有什么事跟我写封信，然后让他的助手拿给我，就是这样的一个教学法。因为我比较成熟，每个月的读书报告给老人家，他看了之后就批几个字，就认可了。不改，因为他认为没有必要。我就是这样知道怎么做学问的。

有一次我去见老师，记得那时是80年代末，杨先生拿了一张纸，上面有若干条目，而且有些字还打了括弧，就把这张纸拿给我。我的老师历来是称呼我为“祖武同志”，是喊我“同志”，他说：“祖武同志，你把这张纸上列的题目拿回去写一写，一个月以后交回来。”大概有30个条目，第一条是“三皇五帝”，后边二十八九条全是清代学术史。一个月以后我去交读书报告，老先生认真地看了，拿起第一条“三皇五帝”，看了几分钟。老先生说这一条写得不好，你没有好好地读懂顾颉刚先生的书，你也没有好好读懂我的书，这一条不要了。“三皇五帝”确实是我知识上的一个重大短板，因为我对古史传说没下过功夫。“其他条目可以，就摆在我这里吧！”殊不知那是《大百科全书》约杨向奎先生撰写的词条，结果杨先生就署我的名送给了《大百科全书》，到《大百科全书》正式出版以后我也不知道。后面是90年代后期，在香山饭店开会，《大百科全书》去了一个编审，一看见我，他说：“哎呀，陈先生真没想到你这么年轻。”那时候我50多岁了，他说我们以为你是老前辈，七八十岁的老先生。这就是老一辈对我在学术道路上的栽培。

我登上北师大的讲坛也很早。那时候我没有资格去北师大讲课。我在历史所就是一般的助理研究员，我留在历史所第一年是实习研究员，第二年才是助理研究员，然后慢慢才升成副研究员、研究员，是这么一步一步走过来的。

我在北师大登上讲台是1983年，为什么要去呢？当时我们所在北师大有一门课，叫《中国思想史》，其中的明清部分应该是由思想史主任黄宣民先生讲，黄先生是侯外庐先生的弟子，本来应该是他去讲的，老先生有意要培养我，就说“祖武，你去讲吧！你一定会讲得好的。”他知道我有在学校讲课的一点经历，所以去北师大是给高年级讲，还不是一二年级，是给三四年级的讲。当时听我课的人，现在有些在史学界也算知名了。比如北师大的赵世瑜同志（后来到北大去了）当时是听过我的课的，还有一个我们西南大学的陈宝良同志，做明史的，当时也是听过我的课的。所以他们两位是一直喊我老师，虽然现在有大名了，但也一直喊我老师，尤其是宝良，有时到北京还来看我。所以这都是老一辈的培养呀！

时间快到了，我再讲一些吧！讲不完我们下午再谈。

我本来是个读书人，就老老实实读书，踏踏实实做学问，慢慢地学术界就认可了，国家认可了，这是我很想不到的。尤其想不到的是什么呢？居然让我去担任这么一个重要的岗位，挑这么重的担子。我就讲我是怎样到历史所，担任所谓的所长这个岗位上去的。很奇怪，从来没有想过要去做什么，因为我想我这种家庭背景能够到北京来、能到历史所念书、能留在历史所，那已经是老天爷的眷顾了，所以不想这些。就老老实实读书，老老实实做人。我过去连共青团都入不了，1993 年突然党委就来动员我，那是历史所党委呀！因为历史所过去的级别很高，第一任所长是郭沫若先生，第二任是侯外庐先生，他们都是部级干部。历史所还有些老一辈也是部级干部，是安插过来赋闲的。说到这里，现在我听新民先生讲，贵阳开“李端棻学术研讨会”，李先生的孙女也在我们研究所，就是李福曼先生，我都叫她先生、李福曼女士。后来我当了什么长，我曾经两个春节，连续去看老人家。老人家听见我一口的贵阳话，很高兴，她不会说。老人家说的是北方话普通话，不标准的普通话，但是她听到我这个贵阳话很亲切。

我过去在贵阳一中要加入共青团都被拒之门外，没想到在历史所工作到1993年，党委副书记突然找我，就说："祖武同志，你应该争取进步呀！你可以向组织靠拢嘛！"所领导鼓励你，当然不能不识抬举了，于是就写了入党申请书，很快获得批准。在之前，实际上党委也在考验我了。

那时候国家不是正经历一次不小的风波嘛，风波以后，党委先是安排一个课题给我做，什么课题呢？就是对"文化热"的反思。对80年代后期到90年代初期那个"文化热"，要从理论和实践的结合上去认识一下这个问题。当时党委书记、副书记、所长都和我见面了。各位，我们贵州人很本分，我过去在历史所见到这些领导，我都侧着身低头就过去了，不打招呼，失礼了。居然那一次几位领导来审查我的提纲通过了，说了很多鼓励的话。结果不知道什么原因，课题就不做了。随后就来做我的工作，要我向组织靠拢，所以我就写了申请，随后按照相关程序就成了一名"老党员"，我50多岁才入党。

加入党组织之后，正好赶上所领导班子换届，院党组派了调研组，经过广泛征求群众意见，最终让我以副所长进了班子。哎呀，行政兼职对我这个读书人来说"苦不堪言"，5年的任期，超负荷地工作。白天要在所里工作，晚上回家要看书，要做自己的学问，没有周末没有假日，就这么成年累月地坐着，病就是那个时候坐出来的。

1998年，当时院里让我带一个小的三人代表团访问日本，我算是所谓的团长。从日本的东京一直到大阪，沿途的著名高校都去过，都开过座谈会。回到北京的第三天，院党组办公室同志就给我打电话，说："明天院党组要来，开历史所全体职工大会，你一定要来，有重要任命。"等我第二天去参加会议，突然宣布院党组决定，任命我当所长。事前没有任何人跟我打过招呼，按照组织原则，任命这么重要岗位的人，都是要先谈话的。另外当然要民意测验了，我估计我在日本期间，院党组可能就来民意测验了。所以不仅突然宣布任命，而且一位副院长还要我讲话。我毫无准备，站起来就说："大家都知道我是个读书人，只会读书不会做事。既然院党组信任我，全所的同志信任我，我一定为大家做好两件事，第一件事就是把郭老和侯外老开创的实事求是、一丝不苟的优良学风传下去；第二件事就是绝不以权谋私。"

讲完这两句话全场热烈鼓掌。你们以后有机会去接触历史所老一辈的和稍年轻一辈的，他们都记得我说的这几句话。我没想到党和国家让我在这个岗位上一干就是10年。2008年，65岁了，已经超龄了。社科院的规矩，像我们这个岗位的同志63岁一定要退休。当时社科院院长陈奎元同志，他是从河南省委书记任上调到社科院当书记的，他一次把我叫过去说；"祖武同志，我必须让你休息了。"

他说，全院你就是最后一位了，65岁还在这个岗位上，你必须休息，好好休息。我说好，这样2008年我就卸任了。之前的2006年，评选中国社会科学院学部委员，社科院各兄弟所的同志们信任我、选举我，我得以当选首批学部委员。

2009年，有一次陈奎元同志在考古宾馆，请我们史学片几个所的老所长吃饭，他举起酒杯站起来说："祖武同志，恭喜你啊！"我说我没什么喜事，您怎么说这个话呢？他说："你马上就要成为中央文史馆馆员了。"我说我不知道。他说我知道啊，还说："国务院参事室来政审，是我签的字。"王伟光同志当时是院长，从中央高级党校过来的。王伟光同志就讲："祖武同志，那个政审意见是我拟的，签名是奎元同志签的。"后来很快，国务院总理就在中南海颁发聘书。我是享受中南海总理颁聘书荣誉的，有些馆员没赶上这个机遇，我算很幸运的。

我进入中央文史馆，我想国家的考虑应该有两个，一个就是让我用我的知识来为国家的文化建设继续做贡献；另一个应该是希望我在更高的学术平台上，把在中国社科院没做完的工作继续做下去。那时进文史馆是很不容易的，不知道是哪位领导同志推荐的。它得由领导同志推荐。在文史馆这十多年，我也尽其所能为国家做一些该做的事，我自己的学业，也在不断地深化。我离开社科院的行政岗位以后，十余年间，居然有三本书进入国家社科基金文库，这是国家给我的崇高荣誉。第一本是《清代学术源流》，那是2011年卸任后第三年完成的；第二本是《清代学者象传校补》，大概是2016年，最近我还送了一本请新民指教；第三本就是今年的《清史稿儒林传校读记》，是上下两册。这三本进入国家文库的书，我清楚地记得，有两本是当时主持这个工作的领导同志来颁发荣誉证书。第二本是刘云山同志在京西宾馆给我颁发证书，今年这本则是黄坤明同志给我颁的荣誉证书。

所以我这一辈子是党、国家和人民培养了我，让我成为一名合格的学人。

我现在一身都是病，我的脊柱关键部位几乎都坏了，严重骨质增生。去年为什么会病这么重，是颈椎弄得我天旋地转，要摔跤了。去北京医院急诊，医生及时安排了手术。为了保住生命才去做了一个不彻底的手术，从后背开了刀，现在我的颈椎安装了一个很长的进口支架。术前大夫通过核磁共振看到，我脊椎的椎管已经扭起来了，再不做手术，可能要瘫痪。

病了一年多，我以为我活不过来了，所以才跟新民打电话商量。那个时候我不仅不能读书了，报纸也不能看，最可怕的是不能思考问题了。我想这一辈子大概该交待了。我在想我没有什么能留给母校的，就把我的书拿回来吧。

这是新民先生帮我下的决心，也有些先生主张把我的书拿给贵州省图书馆，后来是新民先生说就送回母校吧！我们两兄弟最后达成共识。为这个事情，新民找过建军同志，建军同志两次给我通电话，表示很欢迎，并且希望我能回来。还跟我讲安排好了住处，就住在我念书的时候老校长的那个小庭院里面，说你们两老想住多久你们就住多久。这样就有了我这次的母校感恩之行。

本来应该留时间大家一起讨论的，我很乐意！我讲讲这次我回来的心愿吧，超点儿时间就超点吧！

第一个就是来祝贺新民先生的“清水江文书”问世。这个事我知道，新民先生当年为这个事跑北京的时候，给我讲，我知道这个文书的重大价值和它的艰难程度。我一直在关注，我跟大家说，我也在暗暗使劲，力所能及的范围，讲讲公道话。我不为家乡争什么，但是要说公道话。这次是来祝贺新民的。

第二个心愿，当然就是参加建军同志决策建成的感恩书屋落成仪式。

第三个心愿，我跟军昌院长、黄诚院长与雷书记讲过，就是希望能够把《中国学案史》这门课在我们系开起来。因为以前我看到黄诚老师给我发过我们院未来几年的计划，这其中要开一门课，叫作《中国学案史》，是选修课。我想军昌你和黄诚老师这么设计，可能目标就是对着我来的，就是要我来给你们开个头，可能或许是我自作多情。所以我的第三个心愿就是希望在这里把这门课开起来，开个头，抛砖引玉。

新民先生跟我讲，他有两个未来的研究计划，其中一个是《黔中王门学案》，还有一个是《沙滩学案》，这都在学案史的范围里面。也请新民先生开个头，我们两兄弟把这个头开起来。然后黄诚老师、罗正副老师，把王进老师也请来，我们大家一起努力把这门课开起来。我也向军昌和黄诚老师讲过我的想法，如果大家赞成，今后是否就采纳我这个建议？

因为从我的健康状况上看，我大概是不能常来了。因为来一次太打搅大家了。黄诚老师和王进老师这么辛苦，长途往返去接，还要送我回去，太打搅。所以以后能否请军昌决策，因为你是掌舵人，能否把我做的那本《中国学案史》作为同学们的必读参考书。学习这门课的同学，每隔一个月，就像我的老师当年培养我一样，你们每个月交一份读书报告。交给院长或者负责的老师，集中起来，通过邮寄的方式，快递到北京去。因为我不懂电脑，不会从网上看文章。你们就寄给我，我会认认真真逐字逐句地改，然后我又发回来。

如果老天爷让我再多活个两三年，或许这门课就成气象了，我们的人就培养起来了。这样在全国高校历史系，或许我们的这门课是独树一帜的，大概没有第二家历史系讲《中国学案史》了。

多占了大家一些时间，对不起。

（陈祖武先生于 2022 年 4 月 19 日审阅）

《中国学案史》研究之历史回顾与未来展望

陈祖武　口述

黄　书、李儒霄　整理

昨天我在这里跟大家讲了过去我在贵州如何一步一步读书、成长，然后进入国家历史学科最高平台的历程。眨眼间就走过了这么多年，今年我都78岁了。昨天与朋友们聊天，大家了解我就是一个读书人，昨天讲座谈的是黄诚老师拟定的“为人之道”讲题，今天我们重点就谈“为学之道”，谈谈如何将“为人”与“为学”结合起来。我就讲我是如何进入“中国学案史”这个研究领域的，大家看看我的为学经历，或许对在座的各位年轻朋友会有所帮助。在座的各位教授今后你们带学生的时候，如果你们认可我的一些为学方法，就可以把它与同学们进行交流。这样就可以把“为人”与“为学”结合起来，就能把人品与学问都修得好一些。

这次我没有带《中国学案史》这本书来，为了给大家一个直观的印象，王进教授（贵州师范大学）很有心，他把书带来了。王教授过去我并不相识，我们相识是在2018年，当时中央文史馆派专人送了一篇文章到我家让我看。这篇文章是准备推荐去参加由中央文史馆举办的一个大型全国学术论坛作发言的，是王进教授的作品，我拜读以后觉得写得很好。我还清楚地记得王教授的文章是谈习近平同志的一个重要思想，他不像我们有些干部，尤其是一些领导干部，他们往往就是简单地复述总书记的话，怎样去领会，怎样去阐释，和实际怎样结合，思考的深度并不够。而王进老师的那篇文章，就把习近平同志的思想演进过程梳理出来，所以我看到这篇文章我很佩服。我看文章很认真，当时我不知道是谁写的，我就逐字逐句地读，觉得可以斟酌的地方就用铅笔作一些符号，有时候也增补几个字。随后就建议中央文史馆邀请这篇文章的作者来参加论坛，殊不知这就是我们贵州的作者，就是王进老师的大作。所以从那个时候起，我心里面就对王进老师有了印象，中央文史馆推荐的专家是贵州的，叫王进，是个读书种子。今天王老师把《中国学案史》拿来了，是让我在发言时给大家看看，好有个直观印象。

昨天我跟军昌院长讲，过去跟黄诚老师也讲，我说我看见我们学院的本科生教学规划，要准备开一门选修课，叫《中国学案史》。所以我想或者是我自作多情，这门课可以由我来说几句话，所以就有我今天的这个发言。

本来应该好好地做些准备，但是对不起大家。昨天下午来了几位年轻老师，原定半小时的交流时间，但我们谈得十分高兴，大家都把时间忘了，谈到下午很晚。王进老师说不能再谈了，五点十分的时候大家才告别。正想休息一下，中央文史馆又来电话，通知我今天要参加一个会议，而且安排我发言。我说我在贵州参加不了。于是我们就用电话沟通交流，我在这边说，电话那边的同志作记录。晚上十一点多，负责记录的同志把我口述的记录稿发过来了。我这个人因为身体不好，睡得早，在北京的时候一般晚上九点左右就要入睡了，我的老伴怕打搅我，也没有拿给我看。我起得早，早上四点钟我就起来把稿子改好了，请我的老伴用手机给他们发过去了。

所以昨天这一天我很累，也没有好好做准备，读书人不说假话。我就讲讲我是怎样进入“中国学案史”这个领域的，里面有什么甘苦。大家听一听，我讲的过程中会联系讲到应当怎样去选题、怎样去读书、怎样去写文章。昨天主要讲怎样做人，今天就讲怎样为学。

中国学案史，应该说这个题目在我们中国当代学术史上还是一个比较新的选题，老一辈学人没有哪位老前辈以此为题做过专门研究，连研究性的文章都很少。过去就是梁任公先生的《中国近三百年学术史》在谈到《明儒学案》时，把《明儒学案》的渊源追溯到朱子的《伊洛渊源录》。这是首次涉及学案研究的问题，我们老一辈学人在这个问题上发声。随后是陈援庵先生的《中国佛教史籍概论》，很薄的一本书，也讲到儒家的《明儒学案》既受到中国传统历史学研究的影响，又受到佛家灯录体史籍书写的影响。著名佛学专家吕澂先生也讲，《中国佛学源流略讲》也提到这个问题。随后金毓黻先生写《中国史学史》也追溯到朱熹的《伊洛渊源录》。老一辈学人都是简单地提一下，就把这个功课交给我们后学了。

这些书我全都读过，我怎样进入“中国学案史”这个领域的呢？昨天我跟各位讲，我1978年学术研究归队以后，就跟杨向奎先生做清代学术史研究。当时杨先生正准备做一部《清儒学案新编》。《清儒学案》是过去我在贵大念书时连振珮老先生都没有跟我讲过的内容，这个时候我真不知道有这些知识，也不知道还有徐世昌的《清儒学案》。

后来到昆明的13年当中也没接触过这本书，一直到我1978年年初，要接近报考杨向奎先生门下研究生时才知道。云南历史研究所的侯方岳所长，他家收藏有萧一山先生的《清代通史》两册，并拿给我看，那也是我在贵大学习这四年期间没有见过的。军昌院长，不知道我们图书馆有没有过去民国版本的《清代通史》，这部书后来中华书局重印了，现在有重印本。过去我在昆明见到的还是30年代那个时候的版本，是侯所长让我看到的，那真是大开眼界啊！

过去我们当学生，只读过李洵先生的《明清史》，没有读过萧一山先生的《清代通史》，所以开眼界。我到北京跟着杨向老读书，杨向老准备做《清儒学案新编》，老人家就把全书的构想告诉了我。昨天我跟各位讲到，我跟杨向老大概不到一年的时间，老先生就确定我大概可以作为他这个行当的接班人，所以就让我做顾亭林的评传，就从《日知录》研习起步。回顾做学问，就联想到了老一辈学人如何指导我，我也希望我们今天的年轻一辈，各位做学问，就看你做什么专题，一定要选好题。假如你做的这个历史专题，有哪一位大家最有研究，你就应该从读这位大家的书入手，然后就像滚雪球一样，把和这位大家前后左右有联系的相关学者都注意到，关注这些学者的著述。这样雪球就会越滚越大，之后就能举一反三，最后要完成的研究题目就会变得很厚重。我们中国史学界有一个好传统，叫“小题大做”，这是我到中国社会科学院历史所接触这么多大家后，发现他们研究时所共同倡导的一个主张。“小题大做”，题目很具体，但题目逐层展开或许是关系全局性的大问题，这就叫作“小题大做”。

我这次来，感谢黄诚老师的周到安排，让我接触了很多年轻人，其中有我们的硕士生，甚至还有本科生同学。从与你们的接触当中我发现，我们有个别同学的研究选题大了，甚至是太大了。比如说有一位硕士同学，是位很好的同学，我不会忘记她，这次来贵大照顾我照顾得很好，但是她的论文题目选得太大了，叫作“明清时期的盐商研究”。这题目就很大了，这是做一本书的题目，博士论文都容纳不下，太大了。我建议她要集中力量、要小题大做，从贵州盐政发展、盐业发展的实际中发现你认为影响最大的问题，你就选那个方向去做具体的问题研究。最后她跟我讲，她最有心得的是丁宝桢盐政改革方面的问题，我说你就集中写这段多好呢！一篇硕士论文能有一个突破点，研究能取得一个突破，就算很成功了。

说到这里我就想到一个事，来到我们学院以后，我最关心的是我们图书资料的建设问题。我一再地问军昌同志，我也问黄诚同志，我们历史系有没有资料室。他们都说没有，说因为办公用房太紧张，我们没有自己的资料室。

我回想我当年在学校读书时，除了学校的图书馆和学校的大阅览室是我读书成长的好地方之外，我们历史系的资料室也是个好地方。当时资料室是开放的，四面墙壁都摆放着书。要看什么书随时可以取下来，看完又送回去，而且还有查阅图书的卡片盒。有些不常用的书，资料室里边还有个书库，能在卡片盒上翻到的，管理图书的老师就会帮你把书提出来，你用完后又送回去。所以那时候除了听课以外，我们的主要时间就是在学校的阅览室和系里面的资料室读书。很多知识是听了老师上课的引导以后来资料室找书读，查工具书才获取的。要学会查工具书，同学们，这里我就讲一讲工具书的问题。由于没有资料室，我想我们很多同学无法用大型的工具书，你们自己也买不起这些书。就我这一生的为学实践来说，我深深地感到在校学习我们可以向老师请教、跟老师学，离开学校以后，最好的老师就是工具书。同学们，你们毕业以后，无论是进入高校继续深造，还是进入其他学校教书，甚至进入研究部门，你们自己都要把工具书带好、把工具书用好。我家里除了“二十四史”和一些专业必备书以外，还有很多工具书，比如《辞源》《辞海》《说文解字》《中文大辞典》等，包括黄诚老师他们研究使用的《佛学大词典》，我都有。这些工具书绝大部分都捐回学校来了，我的《辞源》和《十三经注疏索引》都翻烂了。

记得商务印书馆建馆120周年的时候，他们邀请我去北京饭店参加一个座谈会。当时我们有一位副委员长，叫严隽琪，是位女同志。严副委员长在发言当中讲商务印书馆这120周年能不能有什么基本精神贯穿其间，她希望商务印书馆的同志和学术界的同志，大家好好总结一下，有没有商务精神，什么是商务印书馆的精神性灵魂？严隽琪同志提了这个头，她就不讲了。后来商务印书馆看得起我，也让我发言，我就呼应严隽琪同志提的这个商务精神说法。因为张元济先生的年谱长编我读过，张先生的经历我还略知一二，我就即兴地讲，我之前不知道他们要我发言，我就从严隽琪同志提的“商务精神”这四个字讲起。我说严隽琪同志提的“商务精神”，我觉得有一条或许可以列入，就是张元济先生创立商务印书馆以来，他有一个好的倡导，后来也一直在践行他的倡导，就是和学术界交朋友。所以商务印书馆能得到很多第一流的稿子，能够和第一流的学者成为好朋友，这就是张元济先生开的好风气。后来商务印书馆这120年来始终延续了这个风气。也承蒙他们看得起，他们最近告诉我，《中国学案史》被商务印书馆选进“中国当代学术著作辑要”里面去了，因为经过学术界至少十年的检验以后，才能进入这套丛书集。出版界和学术界交朋友，这或许是商务印书馆的一个精神。后来商务印书馆把我的发言整理成文字，然后拿到报纸上去发表，这是我讲到“中国学案史”的一个插曲。

说到“中国学案史”，我是怎么深入进去的呢？因为我做顾亭林研究，就是我刚才给各位同学讲的，和他有交往的人，你都要去了解，他们的集子、经学著作、史学著作等，你都要去看。这样一看我就发现，黄宗羲是和顾亭林交往当中一个很重要的人物，而黄宗羲有一部代表作就是《明儒学案》。所以我就去读《明儒学案》。因为当时我一边做顾亭林研究，一边读徐世昌的《清儒学案》，里面有《顾亭林学案》。同时我又在了解徐世昌的《清儒学案》是怎么来的，我就追到《明儒学案》里面去，这样我就去读《明儒学案》。然后我又从《明儒学案》再往上追溯，又读《宋元学案》。就这么逐渐逐渐地往上推，沿波讨源就一直读到朱子的《伊洛渊源录》。《伊洛渊源录》和中国传统历史编纂学有什么关系呢？又再往上推，考镜源流一直追溯到《史记·儒林传》《汉书·艺文志》《隋书·经籍志》，一直到先秦诸子，庄子、荀子，这样我就大致了解了学案体史籍的渊源和发展历史脉络。恰好这个时候，中华书局的《明儒学案》出来了，接着《宋元学案》

也出来了。《宋元学案》的整理者，有一位是中华书局的副总编，他在《书品》杂志上写了一篇文章，探讨“学案”、怎么给“学案”做定义等。我不知道在座的各位查阅过没有，我查过，直到现在为止，不管是我们内地还是台湾出的工具书，没有哪一部书有一个词条叫“学案”。“学案”没有进入辞书，可见“学案”研究还是一个学术界不太引起重视的问题。再加上《书品》上发表的那篇关于“学案”的文章，学术界也有不同的意见，所以我就带着这个问题去看看中华书局出版的《明儒学案》，于是发现并整理出了很多问题。这个时候，1986 年我就写了一篇文章叫作《〈明儒学案〉成书时间的思考》，送到《书品》。所以要说我进入“学案史”，那就是我读了这么多书以后，第一次尝试把自己的学术积累和思考，用文字的形式向学术界汇报我的功课。从那以后，我就慢慢进入了“学案史”这个领域。

到 1992 年，我第一次访问台湾，那时候两岸的交流才刚开始。台湾邀请了我们大陆的两位学人，我是其中之一，另外一位是个学术界老前辈，就是上海的汤志钧先生，是研究中国近代史、研究章太炎的老前辈。汤先生临时生病去不了，就剩我一个人去。这些故事还有很多，今天由于时间关系我们不讲了。到台湾以后，我访问“中研院”文哲所、史语所，认识了史语所的一位朋友。现在这位朋友也是很知名的专家，他先是在香港中文大学当客座教授，后到香港理工大学当讲座教授，这位专家就是朱鸿林先生。他是香港人，但那时在史语所工作，他曾留学美国，是普林斯顿大学毕业的博士。他已经完成了一部书，叫作《〈明儒学案〉点校释误》，把我们中华书局点校的《明儒学案》当中出现的各种各样的错误上千条一一举出来了。他的书不仅举出来失误，而且还指出了造成失误的原因，这是一种与人为善的好学风。朱先生送了我一本他的这个书，我带回来了，带回来以后我就拿给了中华书局，转给他们。我说请你们看一看，台湾有学者批评我们书局出版的《明儒学案》。因为他们书局编辑整理《明儒学案》的是位老人，一位老太太，比我可能还年长个七八岁的样子，但她不是学历史的，也不是学文献学出身的。我说请她和你们总编室的同志们看一看，看看我们的书错在哪里，然后根据人家提供的线索我们好好校勘一下，重新出一版。中华书局拿到这个书以后，就再也没有还我，他们大概以为我送给他们了。这可是人家朱先生送我的，上面还写得有我的名字呢！后来《明儒学案》再版，也不交代这个缘起，朱先生送我的这本书久而久之就音讯渺茫，我也不追究了，反正学术乃天下之公器。这个书摆在我这里也一样，摆在你们中华书局或许会更好，你们今后可以去参考参考，所以我也不去计较了。

从我这一生来看，我建议各位年轻朋友，大家要养成一个不斤斤计较的脾气。我是一个很“懦弱”的人啊，我与世无争，不去计较，什么事来了都不去计较它，它总会过去的。尤其是那些名利上的事，看得越淡，就越没有压力，生活起来就越有信心，越能够往前走。不计较，遇事时我从不计较，所以中华书局的《明儒学案》也越出越好。后来中华书局还出了一部《清儒学案》，同样也是这位老太太做的。前些年我就听到有朋友告诉我，因为我不懂网络，消息是听说的，说网上已经有消息，台湾学术界在批评中华书局出的这个《清儒学案》。幸好台湾的朋友还给我留了点儿老面子，他们没有批评我，我也做了。我这一辈子读《清儒学案》有了些想法，2005年，河北人民出版社把我读《清儒学案》我自己点的那个本子拿走了，在河北人民出版社出版，已经出来了，我的书比中华书局出得还早。我不知道老太太看过我的那本书没有。我感谢台湾学术界，给我留了这个老面子，还没有批评我，但是那部书也还有很多失误。

人这一辈子，会有若干机缘，但是一晃眼也就过去了。后来北京有一家出版社叫九州出版社，一天，九州出版社一位副总编带着一位五十多岁、看起来文质彬彬的人来我家。殊不知，他带的这位是书商，是一个出版界的商人，他就说："陈先生，我们想用我们九州出版社的名义，把《清儒学案》的开本做大，请您费心重新校勘一次您的《清儒学案》。"我说"好啊"。最后做成和中华书局的那个开本一样大，大概是16开的开本，很大的开本，清样也印得很好！我都认真校改出两册，之后就没有音信了。后来过了好几年，九州出版社才说："很对不起陈先生，因为这位书商在经营上出了些问题，他的资金链断裂了，所以这个书他做不下去，但是还要出。"我也讲："这个要随缘，顺其自然，以后如果我还活着，继续给你们做，如果走了就交给其他人，按照我做的那两册继续做下去。"

刚才我说我怎样进入"学案史"，实际上就是这样慢慢地走进"学案史"的。因为老一辈他们并没有把"学案史"演变的过程梳理清楚。我应该是从1986年开始一直到1993年年底，用这几年的功夫，把中国学案体史籍在学术史上演变的源流过程大致梳理清楚了，就写成了二十万字左右的书。台北文津出版社要走了，在台湾出了繁体字本。本来我们读书人是不计较稿酬的，殊不知他们给了我们内地读书人看起来太多的"天文"稿酬，给了我两千美金。当时是很高的，比我们内地稿酬高得多，我说我从来没见过这么多美金。这是笑话，题外话。不是说我是个大富豪，我视金钱如粪土。虽然我也没多少钱，但我觉得够用就行了，能生活就行了，所以不要去计较，包括物质利益都不要计较。说到这个问题我很感谢《光明日报》那篇关于我的报道，文章讲我生活追求上很简单，对名利淡然处之，唯独对学术严谨，一丝不苟。2020年年初，《光明日报》社派了几个部门的同志来看我，有副总编，还有理论部、知识分子办公室及史学编辑室等的负责同志和记者。后来他们写了一篇专访，因为疫情的缘故，直到五月中才见报。当时我们贵州有一位负责人，不是主要负责人，看见《光明日报》头版的这篇文章，就给他们北京办事处打电话，说你们去看看某某人，《光明日报》都出了他的报道，你们怎么不去看一下。后来贵州才去了几个人，这就说远了，不说了。

为什么我的研究要以一个大家为核心，像滚雪球一样，把相关读书的范围逐渐地扩展呢？这就得益于昨天我跟各位讲的，郑天挺先生对我的教诲。1978 年，郑老把我从云贵高原引导出来，到北京去读书。1980 年，老人家过世前不久来北京开全国人大会议。郑老大概是常委，来开人大的常委会。第二天就要散会，郑老前一天晚上就打电话让我到他住的那个海军大院招待所，就在复兴门那里。我去了，郑老和我讲了将近两个小时的话，那时老人家已经八十多岁了。他跟我说历史学是一门讲究积累的学问，要充分占有资料才有发言权。我们历史学有个好传统，叫作“字字有根据，句句有来历”，这就是说我们做的学问要有根有据，要充分占有史料。而郑老又是与时俱进的人，大史学家。郑老又讲还要坚持正确的历史观，看一个历史人物、一个历史事件、一个历史问题，一定要把它摆到具体的历史环境里面去观察，不能脱离那个环境，架空而论，要看它的前后左右上下东西，这就叫作“历史辩证法”。然后郑老就问我的论文进展到什么程度了。听完汇报，郑老问我：“你想过没有，顾亭林在康熙七年‘莱州诗案’时，是从北京主动南下到济南去投案的，投案时他的那个诉状，署的是什么年月，是用什么纪年？是用康熙年号吗？还是用干支纪年？甚至还是用崇祯后多少年？这个问题你想过没有？”我回答郑老，说这个问题确实没想过。后来郑老说：“我也没有找到资料。我就把它作为一个问题给你提出来，如果这次你的论文能解决最好，解决不了你以后再慢慢解决。”

实际上郑老提这个问题的背景就是要告诉我，现在我们有一种倾向，把历史问题简单化，而且有一种不好的风气，就是为一些已经定案的事情翻案。他就拿吴三桂为例，说现在有人要为吴三桂翻案，郑老说这是铁案不能翻，翻了中华民族就没有大义了。联系到历史问题简单化和吴三桂翻案，郑老就讲了顾亭林的这个问题。郑老又说："往后你治清史，要好好地、认真地研究一下清代的民族政策问题。"郑老很有先见之明，说要注意一下清代的民族政策问题。清代在民族政策上有些地方是很成功的，值得我们今天借鉴，老先生就开了这个头。实际上今天我们中央高度关注民族问题，习近平同志提出铸牢中华民族共同体意识①。我们学术界也好，政治家也好，大家都在高度关注。郑老给我提的这个问题，我回来无法解决，这个问题没有解决，所以我才会由郑老的话想到这样一个方法，做学问一定要像滚雪球一样，你占有的资料越多，你了解的历史人物越多，你了解的历史现象越复杂，你对历史本质的理解可能就越接近真理。

这个是郑老的教诲，还有另外一位老前辈，谢国桢先生。谢老既是有名的明清史专家，也是著名的藏书家。谢老是梁任公先生的弟子，昨天我跟大家讲，谢老待我很好，我经常到他家借书。谢老知道我在做顾亭林研究，谢老专门把他做的《顾亭林学谱》拿给我看，他说你好好去研究。我到他家去看他，老人家也说："你研究顾亭林一定要好好地读《顾亭林诗集》，还有和顾亭林交往的很多人要注意。"谢老对我很好，老一辈不仅教我如何做人，也教我怎么治学。我进入"学案史"是在老一辈的引导下，就是梁任公先生、陈援庵先生、吕澂先生、金毓黻先生，我的老师杨向老，还有谢国桢先生等等，是在众多老一辈学人的引导下，沿着他们开辟的路，

① 《以铸牢中华民族共同体意识为主线　推动新时代党的民族工作高质量发展》，《人民日报》2021年8月29日01版。

慢慢摸索向前的。虽然这是一条拓荒的路，会很艰苦，但它毕竟能有所发现、有所发明，至少有了一本习作可以奉献给学术界了。

1994 年我的《中国学案史》在台湾用繁体字出版了，我做什么事都有我们贵州人朴实无华、不张扬的品质，做了什么事不要张扬，让它摆在那里，让学术界去评判。我在内地很多年不见学术界有任何反应，出版界也没反应，反而我在日本、在韩国都看见人家在卖了。台湾版的《中国学案史》，人家在卖，而且还卖得很贵，但还是有人买。有一次我在东京大学，来了一位早稻田大学的日本年轻人，就拿了台湾版的《中国学案史》来请我签名留念。日本人都买了，内地还不知道有这个书。一直到 2005 年前后，我突然接到上海东方出版中心负责人的电话，他说："陈先生您是不是有本书叫《中国学案史》？"我说"有有有！"他说："我们内地出版社有哪一家出版社跟您打过招呼要出版吗？"我说："没有！没有！"他接着说："我们想请您修订一下，再版，用简体字在我们大陆出版。"我说："谢谢你！谢谢你！如果你们能做这个事，我很感激！"后来联系上以后，这位负责人就带着一个责任编辑从上海到寒舍来。这位责编把我的书做得很好，比台湾版的装帧、印刷、编校质量都高。巧的是这个书的责编就是我们贵州人，他叫莫贵阳，是原来贵州人民出版社的总编，60 岁退休以后就应聘到上海中国出版集团的东方出版中心。所以莫贵阳同志一来，听到我一口的贵阳话，我们两个就越谈越好，所以他做得也很用心。因为他是老编辑，这个书确实做得很大气，装帧好，里面的字也很舒朗，不过也存在着个别的错字，不过那不影响，我也做了一些修订。后来就涉及这个书的题签问题了，他说能不能请任继愈老先生题签，因为任先生为我的一本书——《乾嘉学术编年》（16 开本）题过签，写得很好。任先生为这个题签还专门给我写了一封信，他就讲《乾嘉学术编年》中的"学"字不是简体字，要告诉他们编辑不能改，我们中国古人就有这种写法，就像我们今天写简体字一样。后来这部《中国学案史》的题签问题，莫贵阳同志给我讲能不能还请任老先生题签，或者请老先生授权集字。一天，我去看任先生，由于身体不好，年事也高了，那时候任先生都九十多了。但是老人家依然支持出版社的要求，同意授权集字。

学校要开“中国学案史”这门课，可否先就用我的这本书作为辅助教材或参考书，也请讲这门课的老师自己编讲义来讲。我希望我们讲这门课的老师能写出一本更完整、更系统的《中国学案史》。

实际上如果实事求是地讲，这本书只能叫“中国学案体史籍源流略讲”，只是个略讲，只是个大纲，主要只是讲“学案”体史籍演变的源流。如果大家今后选这门课，因为这门课是跨学科的学问，它既是史学史，又涉及思想史、文献学、哲学史，因此相对来说，恐怕这门课讲起来还有一定的难度，学起来也有一定的难度。因为我不会电脑，我在哪里都拜托年轻人，罗老师（贵州大学历史与民族文化学院罗正副教授）请你查一查，在中国典籍当中以“学案”为书名的书或者文章最早见于哪年？今天我就拜托罗老师，请你费心查一下。

因为我不会电脑，只能靠我读书去找，我找到“学案”二字的最早出处是在万历中叶耿定向写的《陆杨二先生学案》。因为耿先生是阳明后学，“陆杨学案”这一篇就是为陆九渊和杨简两位心学家做的一个简短生平学行记录，就称作“学案”了。这大概是我作为一个读书人到现在为止我能读到的、最早以“学案”来题的篇名，是一篇人物生平小传。这是“学案”二字最早以篇名出现的地方。最早作为书名出现是耿天台先生的一个弟子叫刘元卿，刘先生做的有部书叫作《诸儒学案》，这是万历后期的书了。这就是我在读书当中发现的，因为没有任何人给我指引过，我就是靠跟振珮先生学的那一点文献学知识，到历史所去跟着张政烺先生、谢国桢先生读版本目录学，在目录学的指导下读《四库全书总目》才找到《诸儒学案》的，就在四库存目的书当中。四库存目过去很难找的，他只是一个目录在那里，原书到底在什么地方大家都不知道，后来我是去中国科学院图书馆才读到《诸儒学案》的，那是一个 26 卷本的残本，实际只有 8 卷了。这部书实际上就是把中国历代的儒学家，当然主要是宋元时期理学家们的生平和语录汇集在一起，就叫作《诸儒学案》。

《中国学案史》1994 年在台湾出版，1995 年时任台湾地区“中研院”史语所所长杜正胜先生邀请我到史语所访问，去做关于学案史研究的演讲。因为这本书在台湾地区出的，他们对这本书很感兴趣，就邀请我过去讲一讲。我到会场一看，在座的有很多老前辈，比如黄彰健先生等，还有好几个所的所长。

今天向各位回忆那次演讲，值得跟大家报告的是什么呢？一个是我做的演讲还差不多，另外一个就是我“信口开河”，差点“惹祸”，也是个教训。我讲出来大家听听，大家记住，尤其是我“闯的这个祸”大家要记住，不要再犯同样的错。

当时我谈到其中一个问题，在中国学术发展演变当中，“学案”是什么时候出现的呢？最早作为篇名或书名是在什么时候出现的呢？我跟在下面的各位先生讲，我读到的最早出处是在耿天台先生的遗书里面，然后讲到刘元卿的《诸儒学案》。我讲完以后，下面就有一位先生举手了，他说：“陈先生，你刚才讲到‘学案’的这个发现，我们台湾早有学人已经发现了，而且是 80 年代中期。我们台大一位硕士研究生做的毕业论文，就讲到耿天台先生的遗书了，你讲的这个和他不谋而合了。”我说：“谢谢！谢谢！因为两岸交流被海峡阻隔了，我无从拜读台湾这边学人的著作，很抱歉！”这个还不算惹祸，如果我说整个中国海峡两岸是我第一个发现的这种大话就是“闯大祸”了，人家那是善意。这个先生是谁呢？就是现在台湾地区很有名的黄进兴先生，他现在已经是台湾地区“中研院”的“院士”了。

这是个题外话，这个还不算“闯祸”，“闯祸”的是什么呢？当时谈到钱宾四先生的一本书。20世纪40年代，那是抗战时期，北平、南京好多高校、研究机关都往西迁，迁到四川。当时国民政府就在重庆，钱先生受国民政府的委托重新编一部《清儒学案》，当时要重印“四朝学案”，钱先生就负责重编《清儒学案》。钱先生把书编好了，而且把他写的《清儒学案序目》在四川省立图书馆图书集刊上发表了。这篇序目我看过，认真拜读了，而且逐字逐句地抄了。说到这个问题，各位年轻同学你们虽然进入信息时代了，你们大家都精通电脑，但是手上的笔绝对不能放下来，一定要好好练笔。我们作为一个中华学人，我们的书法如果让大家看不过去，那是很不好的，不是说要当书法家，但我们写的字要规规矩矩、工工整整，让人能看懂。抄书也是一个做学问的好方法。顾亭林先生曾讲“著书不如抄书”，就是这个道理。抄书不是抄袭，是把古人的心得誊抄下来，慢慢地就会化为我有。所以钱宾四先生的这篇文章，当年我是认认真真逐字逐句抄过的，所以我很多年不会忘记。当时我在讲这个问题时，我就“信口雌黄”了，就“惹祸”了。我说：“钱宾四先生讲《清儒学案》的这个稿子，抗战胜利后他回江南去的时候，因在长江船翻了，他的稿子连同装稿子的书箱全都沉在长江里面了。各位，我虽然是钱先生的再传弟子，但我没读过钱先生的其他书，我有些疑问，这个书是不是真的成稿了？”哎呀！这下就“惹祸”了。继黄进兴先生之后，就有另一位先生站起来说：“陈先生，我跟你讲，因为你们在大陆读不到，钱先生的那个《师友杂忆》明确记载了他的这个书稿是沉在长江了。因为你们没看到这个书，我们可以谅解，建议你以后千万不要再说这个事了。”这不仅闹了一个“笑话”，而且是一种“亵渎”先哲的话，大不敬。

结果这位先生也和我成了好朋友，就是钟彩钧先生。我第一次到台湾就曾经在他家住过，后来他来清华大学开会，带着他的两个孩子来北京找我了。讲这个事情，就是希望大家记住我的这个教训，做事情越低调越好，永远保持一颗谦卑的心，做一个谨慎的学人，要有严谨的治学态度。

当时我在台湾地区“中研院”史语所讲完以后，老一辈和年轻人就不一样。像黄进兴先生和王汎森先生、钟彩钧先生他们几位都比我年轻，在台湾省是少壮派，是学术界崛起的新星。黄彰健老先生就同他们几位不一样，老先生在讲座完后对我说：“祖武，我给你提个建议，你回去后在‘学案’的本义上多下点功夫，把什么叫‘学案’捋清楚，多从它的本义上下功夫。”

我最初写《中国学案史》是把它和禅宗的公案联系起来的，因为禅宗灯录体史籍当中记了很多佛门公案，他们是借公案来传习他们师门学说的。我在想会不会有可能是理学家在和禅宗的接触过程中，吸收了禅宗史和灯录体史籍以后，借用公案两字，解释为“学术公案”，然后简化为“学案”的。实际上这个不对，黄先生为什么叫我从本义上再去下功夫，就可见黄先生是很不赞成的。从台湾回来以后，我大概思考了一段时间，我在北师大学报上又写了一篇文章，叫《“学案”再释》，依然没有最终解决这个问题。在这篇文章中，我提出揣测，很有可能“学案”是从王阳明先生《朱子晚年定论》那里演变过来的，所以定论就是定案了。耿天台为什么用，可能他就是沿用阳明先生的定论，才把它叫作“学案”的。我这一篇文章也不能作为定论，也还可以商量，直到现在这个问题还没有解决。

如果今后我们历史学院开起这门课了，我希望这门课的老师和同学大家一起为“学案”写一个言简意赅的释文，今后能进入国家的《辞源》。现在我写的那个解释很冗长，《辞源》不会收，我自己也无法说服我自己。相反，编《清儒学案》的那个徐世昌先生，他对于“学案”有他自己的看法，他觉得《清儒学案》就是引一个头而已，“案”字会不会有学术的索引意思在里面，能不能作这样一个解释？然而这样一个解释在词源学上找不到根据。我不懂日文，我想起我多次到日本，在日本地铁站上看见一个指路词叫“案内”，我在想这个“案内”的“案”和我们“学案”的“案”是不是有什么渊源？会不会是日本人把我们的汉字拿去用，赋予了它日本民族的语言习惯和新的意义？请大家斟酌一下这个问题。

今天我拉拉杂杂地讲了这么多，时间也到了。如果我今天讲错了，希望大家像黄进兴先生、钟彩钧先生那样当面对我提出批评，我很感谢！谢谢大家！

（陈祖武先生于 2022 年 4 月 19 日审阅）

清代学术的历史定位

陈祖武　口述

黄　书、李儒霄　整理

“清代学术的历史定位”这个问题我思考很久了，但这个问题目前仍然没有得到学术界的解决。我虽然读清儒的学术文献读了一辈子，但这个问题也还没有解决，这也是我这一年多的一个愿望，希望能够向学术界的朋友们发出呼吁，大家齐心协力，一起来解决这个问题。

我去年这个时候身体状况没有大的好转，在病中我觉得我这一生快要结束了，好朋友们从外地打电话来问是不是要安排后事了。我当时想的第一件事就是要把我的所有图书全都送回母校去；另一桩事就是希望解决“清代学术的历史定位”这个学术问题。这是我这一生没有解决的问题，所以我希望我的朋友，还有和我念过书的同志，大家一起来努力解决这个问题。你们的新民老师是我的好兄弟，我在病中给他打电话，拜托他费心在我们贵大历史学院，组织起对这个问题感兴趣的老师和同学，大家一起努力来解决这个问题。同时，我也拜托福建的朋友、安徽的朋友、上海的朋友、苏州的朋友、湖北的朋友、北京的朋友、天津的朋友等，希望我们大家一起努力，共同来解决这个问题。

为什么呢？因为以往“清代学术的历史定位”作为一个学术问题，学术界长期有不同的看法。为什么我要想着去解决它？是因为2014年，习近平同志在人民大会堂纪念孔子诞辰2565周年大会上，那时中外学者汇聚一堂，总书记在向中外学术界回顾中华数千年的优良学术传统时，分阶段讲了我们中国古代学术。[1]讲了先秦诸子、两汉经学、魏晋玄学、隋唐佛学、宋明理学，后面就没有讲了，总书记用了一个“等”字，“宋明理学等”。对于清代三百年的学术，总书记用“等”字略而未讲。人民大会堂这个会议我没有去，但总书记的讲话稿很快我就看到了。我反复拜读总书记的讲话稿，心里面顿时激起反省。为什么呢？觉得我们学人很惭愧，因为这个问题我们没有解决，所以总书记代表党和国家向中外学者回顾中国学术史的时候，无法去讲这三百年。无法，这不怪我们领袖，不怪党和国家，要怪我们学人，怪我们没有达成共识。由于学术界长期不能达成共识，那当然党和国家的领导同志他就不能随意去发表讲话了。所以看了总书记的这个讲话以后，我心里面就生出了解决这个问题的紧迫感。

此后因为工作忙，一直留着，直到 2019 年，文化部安排北京一所高校的一位老师来采访我。为什么呢？因为我在“国家清史编委会”挂了个“虚名”。这项工作在启动时，那时是李岚清同志在主持相关工作，当时在中南海开过一次论证会。会上，中央领导同志就点了三位学人发言。一位是北大的王天有同志，现在已经去世了；一位是北师大的瞿林东同志，瞿先生比我还长，是做史学史很有名的学者；第三个就是点名要我发言。后来编委会成立，我也就挂了个“虚名”。我在发言中提了三条建议，其中一条就是人民的一分一厘钱，我们都要把它花好。大家可以去报纸上翻一翻，大概还能找得到我当时的发言。最近几年，根据国家的安排，清史编纂办公室设在文化部，所以文化部才会安排人来采访我，采访记录发在一个叫《文艺研究》的期刊上，这个期刊在文艺界的地位相当于

① 《习近平在纪念孔子诞辰2565周年国际学术研讨会上的讲话》，新华网北京2014年9月24日电。

《历史研究》在我们史学界的地位一样。访谈的最后一个段落，我结合学习总书记的讲话提出了这个问题，即对清代三百年学问如何去给它一个准确的、科学的历史定位？这个问题提出来了，但是我没有能力解决，希望大家一道努力。

今天是我在历史与民族文化学院的“告别讲座”，明天我就回北京了。告别之际，我给黄诚老师提个建议，今后能否在我们历史学院挂牌——“清代学术研究中心”？在“清代学术的历史定位”问题上，我们历史学院要发声，代表我们贵州史学界发声。今天我和大家一起来讨论这个问题，把我的有关思考跟大家谈一谈，大家看有道理没有，没有道理的地方大家提出批评，如果有道理，大家可以沿着这个方向继续去努力。我现在能够思考问题了，原来我病得最重的时候，不仅不能看书，不能看报，而且不能思考问题。只要一想问题，哪怕一个小问题，脑子马上就像一锅浆糊一样。躺在床上形同废物，所以我以为自己“不行了”，也才要把我的所有书捐回母校，才会把这个问题交给东南西北的朋友们。现在我能思考问题了，身体开始恢复，又能为国家工作了。今天，我同样把这个问题向我的母校提出来，提给各位老师同学来解决。

关于这个问题，如果我们回过头去看，从清末民初一直到现在，学术界的几辈学人都还没有形成共识。清末时期，章太炎先生在他的著作《訄书》中最先提出问题，太炎先生讲了一段很好的话，叫“清世，理学之言竭而无余华”。就是说在清代，宋明理学作为一种学术形态，它已经走向强弩之末了，再没有往前发展的理论空间了。这个“空间”不是说实实在在的世俗空间，而是说作为一种学术形态，它的理论空间已经没有了。随后，太炎先生又讲“多忌，故歌诗文史楛”，因为政治上的忌讳太多，所以歌诗文史千姿百态的风采被桎梏了，枯竭了，没有华彩了，像朽木一样。“愚民，故经世先王之志衰”，朝廷玩弄愚民政策，不让大家去讨论国家、民族、生计等重大问题，把中华民族历史上几千年形成的经世致用好传统也越来越削弱了。接下去，太炎先生又讲“家有智慧，大凑于说经，亦以纾死，而其术近工眇踔善矣”。这么多的老百姓、学人，大家的精力和学术关注点都引向去治经了，去治儒家经典了，把它作为一种摆脱死亡威胁的手段。当然大家都在这个领域下功夫，所以清代的经学，相比宋元时期来说就更加工妙。于是章太炎先生认为清代的治经成绩要超过宋明。这部分内容在章太炎先生《訄书》的第十二个专题“清儒”里面提到，大家可以去查。

对学术史我个人认为太炎先生的看法讲得很准确，他毕竟是大师。在太炎先生讲这段话的同时，在“清儒”里面，还专门就清代的学术发表了他的看法：“其成学著系统者，自乾隆朝始。”就是说进入乾隆朝以后，清代学术才作为一种学术体系登上了学术舞台。太炎先生把乾隆朝时的“吴”地区，即苏州地区的学者群体做出的贡献，说这是一个体系；另外一个学术体系就是皖南地区的学者做出的贡献。苏州地区的学术贡献是以惠氏家族（惠周惕、惠士奇、惠栋）祖孙为主，世代以治经为业。徽州地区的学术贡献以江永、戴震师生为主体。

后来梁任公先生的《清代学术概论》和《中国近三百年学术史》沿着太炎先生的路往前走，又做了发挥。关于明清之际那段学问，梁任公先生、胡适之先生，他们两位有共识，他们用了太炎先生的说法，但是他们换了一种表述方式。太炎先生说的是“清世，理学之言竭而无余华”。而梁先生和胡先生讲的是，清初存在一个“反理学思潮”，认为清初的学术是对宋明理学的“反动”，它要和宋明理学走向不同的方向去。太炎先生提出乾隆朝以后的清代学术方成系统，梁任公先生就明确地提出一个概念，叫“乾嘉学派”。要注意，“乾嘉学派”太炎先生没有说，最早是梁任公先生提出来的。“吴皖两家中分乾嘉学派”，吴派以惠氏祖孙为代表，划为一派；

皖南以江永、戴震师生为代表，划为另外一派，叫皖派。梁先生用简单的两分法，将“乾嘉学派”分为吴派和皖派两家。

梁先生的书很好读，他的《清代学术概论》和《中国近三百年学术史》写得很好。梁先生的文笔极好，他和太炎先生不一样。太炎先生是一个很纯粹的、做中国传统学问的大师，他的《訄书》大概是最难读的典籍之一，直到现在为止，虽然有很多专家学者为之作注，但依然很难读懂。太炎先生在典籍里面用了很多异体字，还有很多佶屈聱牙的文言文表达方式，所以《訄书》是很难读的书。相比之下，梁先生的书极好读，而且极精彩，让人爱不释手。

我当年当学生的时候，读梁任公先生的书爱不释手，直到现在我还读。梁任公先生他不仅是一个大学问家，而且他也是一个大思想家、大文豪。但晚清民国初年，梁先生卷进政治漩涡太深，耽误了他的学问，否则梁先生的学问不可限量。先生五十多岁就过早地走了，实在令人惋惜。他的《清代学术概论》至今仍然是经典，尽管里面还有若干可以讨论的地方，但这是我们的入门书，是经典。在这部书里面，梁任公先生提出清代学术是“宋明理学的反动说”，提出“乾嘉学派”的说法，而且是“吴皖两家中分乾嘉学派”。因为他的这部书流传很广，再加上后来梁先生在清华研究院、北京大学、南开大学等高校讲《中国近三百年学术史》，又重申了他在《清代学术概论》里面的主张。梁任公先生将清代的学术称之为“考证学”，所以梁先生的主张随着他的这两部经典在学术界的流传而遍及四方，这两部书产生的影响太大。所以后来我们学术界，包括一些马克思主义史学家先驱，都受到了梁任公先生的影响，接受了他的说法。也有一些先生继续用“考据学”来概括清代学问，还有一些很有名的大师，用的是“汉学”来概括清代学术。

改革开放以后，随着中西文化交流的开展，有一些做中国哲学史的同志，他们受到了东洋的影响，受到了日本的影响。日本学术界认为晚清民国初年的中国学术和他们国家的“实学”是一样的，“实学”是明治维新时期提出的。韩国当初在日本殖民统治之下，也曾受到日本的影响，也提出过“实学”的主张。改革开放之初，我们中国的一些学者，也跟着日本人走，也要在中国找出一个“实学”体系来，所以他们就把清代这三百年的学问称为“实学”。结果越走越远，把“实学”追到宋明理学去了，这就很值得商量了。

我记得大概是 1993 年还是 1994 年，我们国家有个学术代表团去东京大学交流访问，我也有幸是成员之一。当时我们一位做中国哲学史的专家在台上发言，把宋明理学和清代的学问都称为“实学”。后来东京大学有一位教授就站出来发言：“你既然讲‘实学’是反动宋明理学而出现的学术形态，为什么你自己又讲朱熹、王阳明的学问是‘实学’？”结果这位学者无言可对。从中可见，如果不经过自己去爬梳文献就发言，那一定是要闹笑话的。我也有过一段徘徊，后来并没有接受用“实学”来概括清代三百年学术。大概早在 1991 年冬天以前就形成了这个认识，因为“实学”它是讲一种学术追求，讲中华优秀的学术传统、实事求是的传统。这个“实”就是我们的务实学风，它是一种学风，不能作为一种学术体系的名称。

我认为梁任公先生用“考证学”或者说“考据学”来概括总结清代三百年学术不准确。如果仅仅讲乾嘉时期，或许大致还讲得过去。因为乾嘉学者他们大多从文字训诂入手来诠释儒家经典。如果说“考证”是一种为学的基本手段，那么还可以略微说得过去。但也不准确，因为乾嘉时代我们同样也有一些了不起的思想家，不能简单地用“考证学”来为其定性，比如说戴东原先生，那就不仅仅是一个文字训诂的音韵学家、小学家了，他也是一个自然科学成就很大的学者，天文、历法、数学等，戴东原先生都有研究，所以把“考证学”用到戴东原先生的学问上不合适。即使后来到嘉庆初年在学术舞台上领袖四方的钱大昕先生，过去都认为他是一个考证史学家，只会考史，从而没有准确地把握钱大昕先生的学问。钱大昕先生同样不仅懂史学，而且懂经学，懂天文历法，懂数学，尤其在音韵学上，在座的老师如果做音韵学的都知道，“古无轻唇音”就是钱先生的发明。钱大昕先生的学问就不仅仅是“考证学”了。所以说用“考证学”来概括总结清代三百年学术并不科学，也不准确。

那能不能用梁任公先生之后的另一位大师的说法来看清代三百年学术呢？那就是钱宾四先生。钱先生是理学家，也是史学家、思想家。钱先生的学问很大，他对宋明理学情有独钟。钱先生把清代三百年学术与宋明理学视为一体，是一个系统的、完整的学术体系。钱先生有与梁任公先生同名的书《中国近三百年学术史》，但是相比梁任公先生的书，钱先生的这本书要专深一些，实际上这本书是以理学为主线的三百年学术史，所以就更专深，文字比梁先生的要难读一些。我的老师杨向奎先生在三十年代就跟钱先生在北大做清代三百年学术史。钱先生认为清代三百年学术是宋明理学的一个延续，无非它是“包孕经学而再生”。这是钱先生很有名的主张，认为清代的学问是“包孕经学而再生”，钱先生认为清代的学术依然是“理学”。那么究竟怎么看清代三百年学术史呢？学术界的几位开风气大师都各持己见。

我是我们新中国培养的学人，是跟着新中国前进的路走过来的。旧社会时虽然我上过学，但只上了一年私立小学。我的主要求学经历是在五星红旗下，所以我接受的是马克思主义史学的影响。过去我们在学校时，钱穆先生的书是不能读的，因为钱先生在政治上和我们不是一条路。钱先生在新中国成立前夕就到香港去了，而钱先生的大弟子余英时先生也在新中国成立前夕从安徽到了香港。我在贵州大学念书时，钱先生的书是读不到的，梁先生的书还能读得到。

章太炎先生、梁任公先生、钱宾四先生，这些是在清末民初影响中国学术，尤其是清代学术研究的三位大师，他们对清代学术的看法不一样。新中国成立以后，接受马克思主义唯物史观，我们学术界的学者，像很有名的侯外庐先生，就是后来我去工作的历史所（中国社会科学院历史研究所）第二任所长，他是做中国思想史的专家、马克思主义史家。侯先生在清代学术定位这个问题上，把章太炎先生、梁任公先生、钱宾四先生关于这个问题的主张进行总结，称之为“专门汉学”。

1954年中国历史研究所建所以后，中央很是重视，从全国各高校选拔了一流的史学工作者调到历史所，我的老师杨向奎先生就是这个时候从山东大学调到历史研究所的。即使有些史学工作者没有调过来，但他们都以“学术委员”的身份参与了历史研究所的建设。在清代学术定位这个问题上，我的老师相对于侯先生来说稍微灵活一些。我的老师既用“汉学”这个概念，同时又主张把清代的学术，尤其是乾嘉学派和乾嘉学术作为一个历史过程来看待。这就是我的老师与侯外老的主张不尽一致的地方。侯外老的成名作是《中国思想通史》，我的老师的成名作是《中国古代社会与古代思想研究》，这两部书在国内都是被奉为经典的，尤其是侯外老的《中国思想通史》。但相对来说《中国思想通史》比较难读，它反映了50年代初到60年代初，我们中国学术界在学习和翻译马克思主义经典著作上的一个不足之处，就是直译很多马克思主义经典著作，文字佶屈聱牙，不是很规范的汉语言表述方式，所以不是很好读。当年我做学生读侯先生的这部书时，很难读，不过比章太炎先生的《訄书》要好读一点，但是很难，要下功夫才能读得进去。

在这里我想同各位专门讲一下余英时先生。余先生在学术上的贡献是极大的，关于讨论清代三百年学术的思想与观点，我最赞赏的是余先生提出来的“内在理路”说。余先生认为从宋明理学到清代三百年学问，其间有一个学术发展的“内在理路”。由于余先生受他政治上的成见所约束，他没有跟着他的老师钱宾四先生走。钱先生把宋明学术与清代学术视为一个整体，都是理学，而余先生发展了钱先生的主张，提出来一个“内在理路”说，那就是从宋明理学到清代学术，是学术发展史上一个必然的历史过程，存在内在的历史依据，学理上的依据。这是很高明、很了不起的看法。但余先生提的这个“内在理路”说，是片面地讲学术发展的内在逻辑，余先生有意撇开了他的老师钱宾四先生把学术史问题摆在具体的历史环境中去看这么一个好传统。实际上钱宾四先生关于这个问题的看法要比余先生高明得多，而且与马克思主义唯物史观有相通之处。为什么我这么说？钱先生有一个很有名的主张，叫“学术流变，与时消息”，就是指学术的演变一定和学术存在的历史客观环境的变迁是相一致的。这就与我们马克思主义唯物史观的基本原理，即探讨历史问题时一定要把这个问题摆到产生它的具体历史环境中去看待与思考，是相通的，这是我们中国优秀的文化传统。为什么马克思主义传入中国后能走上“中国化道路”呢？这不仅是我们的领袖和理论家高明，而且还有更深层次的原因，中华数千年的优秀文化当中，有很多合理的部分是和马克思主义唯物史观相通的。譬如这个问题就是相通的。余英时先生他有意撇开他的老师钱宾四先生“学术流变，与时消息”的主张，片面地去夸大“内在理路”，这样有些问题他也就解释不了。余先生用什么来解释他的“内在理路”呢？就是昨天晚上我和黄诚老师聊到的，我建议黄诚老师写一篇大文章。《中庸》当中有一句话，叫“君子尊德性而道问学，致广大而尽精微，极高明而道中庸”。这句话我们的先哲没有展开。就像《论语》一样，孔子没有展开，是要靠弟子在拜读经典时不断地去领悟、去融会贯通。我读《中庸》，我觉得这段话不要小看它。这段话我们仔细地去阐释、演绎，就可以看到，它不仅是讲君子的为学之道，而且讲的是我们中华优秀学术文化的特质。一定要抓住它是一个统一的整体，这段话是不能割裂的。“尊德性而道问学”是一体的，绝对不能割裂；“致广大而尽精微”也不能割裂；“极高明而道中庸”同样不能割裂。我们追求的“尊德性”是建立在“道问学”的基础之上，我们中华学术是有根柢的。我们探讨的范围很广大，广阔无垠,但我们奠定的根基是从细枝末节的点滴知识中积累起来的;我们探讨的是人类生存、人类发展、人类文化的未来等大问题，极大的问题，但我们保持的是很平和的、不偏不倚的为学追求。所以这是一个整体，不能割裂。在这个问题上，我认为余先生受他的政治见解所约束，所以他对第一句话“君子尊德性而道问学”的理解就跟着元代以后理学家的路子走了。元代的理学发展，“朱陆之争”越演越烈，就变成了一派是“尊德性”，一派是“道问学”了。这样就把我们中华优秀的学术文化完整的一体给割裂开了，从根上割裂开了。所以我建议黄诚老师把这个“根”找到，是什么时候开始割裂的，把它梳理出来。余先生同样受到了元代理学家的影响，他也是从“尊德性”和“道问学”这个角度来看待中国学术的演进。余先生认为宋明时代探讨的是“尊德性”学问，因为“尊德性”学问走向极端了，所以它就必然向反面“道问学”走去。因此才会出现清代三百年对经学的总结与整理，这是余先生的看法。

实际上在这个问题上，我有所保留。1995 年我到香港中文大学去参加纪念钱宾四先生百年诞辰讨论会，那次会议钱先生的海内外弟子都来了，年纪大的已经八九十岁了，我属于钱先生的再传弟子，那时候我也 52 岁了。我感谢香港中文大学让我登台发言，实际上我去主要是弘扬钱宾四先生的主张。我不批评余先生，看看钱先生的弟子读他老师的书与再传弟子读太老师的书我们是如何理解的，有什么不同之处，有什么相同之处。所以那次我取了《钱宾四先生与中国近三百年学术史》这么一个发言题目，我就专门讲了钱先生“学术流变，与时消息”的主张，我把它摆在第一段第一个题目。然后我才把余先生的“内在理路”说和我的老师的主张，即视清代学术为一个历史过程结合起来讲。虽然按年龄来说余先生比我的老师年轻很多，但他毕竟是钱先生到香港新亚书院以后的头号弟子，余先生是列在书院碑文上的第一位大弟子。我发言下来，我以为余先生会发火，因为我专门讲了钱先生的“学术流变，与时消息”，而且试图把它和唯物史观的关系讲清楚。结果我下来，余先生，还有许倬云先生，两位先生是老前辈，他们坐在第一排，两位先生都站起来和我握手，而且余先生用简单的几个词说，“我知道你”；许先生就说，“你的这个口音，就像你们的邓公（邓小平）一样”。因为我发言就是用现在这种口音，我一辈子都讲我们贵阳话，无非里边略带一点昆明腔。你们都知道余先生的个性，他的学问很大、名气很高，很多人余先生是不入眼的。余先生能给我面子，说：“我知道你！”那已经很不错了。我在香港这次讲话，大概有人就在想，这个人还能读点钱宾四先生的书，还能讲一点公道话。随后台湾就经常邀请我，当然在此之前台湾也曾邀请过我，只不过没有这么频繁。所以从 1992 年到 2003 年，我 60 岁以前这些年我每年都到台湾去，而且有一次在台师大讲钱先生的清代三百年学术史时，钱先生的夫人胡美琦女士也来了，听完之后她中午还和我一起用午餐，这可否说明这位胡女士也认为我没有讲错。

实事求是地讲，改革开放以后，不带偏见、不带成见、不带“左”的目光去看余先生的成绩——“内在理路”说，是应该充分肯定的。“内在理路”说客观上有助于纠正我们前些年，尤其受“文革”影响，把历史问题简单化、把马克思主义唯物史观庸俗化、机械化这种倾向，实际上这是一种有意义的修正，有意义的提醒。所以我沿着余先生的“内在理路”说，在大陆用我们学术界通用的语言——“内在逻辑”来表达，就是说学术演变不仅受客观环境的制约，而且有学术自身的内在逻辑。一定要把这两者有机地结合起来，这个学术演变才讲得清楚，所以我用的是“内在逻辑”说。但是我没有沿着余先生的路走，余先生分“尊德性”与“道问学”这个路我并不赞成，而我接受的是马克思主义唯物史观。我把具体的问题摆在具体的历史环境中去看，又结合如太炎先生“清世，理学之言竭而无余华”等老一辈的主张，力图讲清楚明清之际的学问为什么没有沿着宋明理学的路往前走？这是我们探讨清代学术历史定位首先碰到的一个难题。为什么入清以后的学问没有沿着阳明心学，或者说在明末出现的“由王反朱”的思潮再继续往前走？要营造出一个比宋明理学更高级的理论思维形态、学术形态，为什么不能？这是要解决的问题。

虽然钱宾四先生是我的太老师，但是我不赞成把清代学术归入宋明理学的体系，我不赞成，它们不是一回事，不符合历史事实。我也不接受余英时先生脱离具体的历史环境来片面地讲“内在理路”。我根据马克思主义的基本原理，即经济基础决定上层建筑，上层建筑反作用于经济基础，把社会环境的变迁、经济基础的变化考虑进去。根据这么一个基本原理来看，为什么明清之际的中国社会、中国学术不能超越宋明时代？为什么？我找到了经济基础的原因，就是我们依然是顽固的、落后的、自给自足的封建小农经济。在这种小农经济的基础之上，要产生比宋明理学更高的理论形态、理论思维，是不可能的。这就是客观历史环境的制约。而在顽固的、落后的经济基础上产生的上层建筑，它只会制约思想的发展，是思想发展的桎梏，而不是打开思想解放的大门。这就是为什么阳明心学在明朝末年就受到学术界的抨击，尤其是入清以后，批评阳明心学更成了学术界一股不可抗拒的潮流，主张恢复朱子学的根源所在。

宋明理学作为一种理论形态，是否已经终结了？还是说它还有顽强的生命力？这里面有一个似乎迷惑我们的历史现象，就是入清以后，朱子学又取得了独尊的地位。康熙五十一年（1712）以后，朱子在孔庙的从祀地位升格了，进入大成殿里面了。一个封建国家要维持统治，用我们今天的话来说，它要试图保持长治久安，就必须要有一个统一社会的规范。不仅要有法律制度的规范，而且要有意识形态的规范。所以如果按照阳明先生的那条路走，不行，社会越来越乱。阳明先生一个最了不起的主张、影响最大的主张，那就是“吾心之良知即天理也”，这样一个长期以来维持社会安定的意识形态被阳明先生以一个“吾心之良知”就取代了。什么叫“吾心之良知”？谁都可以说，谁都可以讲，所以“满街都是圣人”，人人都可以当圣人，就没有标准了。国家一旦失去向心力，那将是很危险的。这就是为什么明末农民大起义一起来，就把明王朝推翻了。阳明学也不能再延续了，因为当时中国社会只能沿着过去时代的体制、经济格局、政治格局往前走，所以它必然采用朱子学规范的伦理道德教条，去维系整个社会的安定。所以康熙五十一年以后，朱子学再一次取得独尊的地位。这个时候再加上满洲贵族入主中原以后又采取政治上的高压，采取民族文化上的歧视政策，剃发易服，让各个地方的老百姓都着满服、着满冠，按照满族人的生活方式去穿衣、去戴帽、去留辫子。所以这对民族心理造成了极大的伤害。为什么清朝两百多年间反清的潮流时起时落？有如潜流在地下一般，慢慢滋长，文化上的根源要注意。既然学术界找不到新的学术形态，就只能推尊朱子学。封建朝廷找到了能够凝聚人心的意识形态，但学术界可不能沿着宋明理学的路走，因为那已经走进死胡同去了。

宋明理学在中国学术舞台上的崛起，不是一个单纯的学术现象，它是经过五代十国政权的频繁更迭以后，社会经过多年的动乱，人心思定，国家需要一个大一统的局面。宋明理学是顺应这种历史需要而出现的，要用一种新的学术形态来统一道德，统一风俗。宋明理学就在这种背景之下吸取佛道两家可以吸收的部分，保留传统儒学作为它的中心，就这样形成了儒学为中坚、释道两家为补充的这么一种新的学术形态。理学它最终的目的是要“存天理，灭人欲”，是要论证封建伦理道德的合法性，是要论证封建统治制度的合法性。这个问题在朱子的时代已经取得集大成的共识，社会就可以延续一段时间的稳定。但到阳明心学崛起以后，这个规范就被冲破了，因为再不冲破朱子学一统的局面，学术界、思想界死气沉沉，“此亦一述朱，彼亦一述朱”，就自然失去生机了。学术界要百花齐放、百家争鸣，这才是春天。所以阳明心学出现以后就成为一种新的学术潮流，但这种潮流走向极端，就严重地影响了社会的稳定，最后农民起义一来就把明朝推翻了。正是在这种情况下，理学已经走完了它的路。按照阳明先生“吾心之良知即天理”的主张，把虚无缥缈的“天理”纳入了“人心”，纳入了人的良知，理学最终要达到的目标就在“我的良知”当中，那实际上是一种有良知而无标准的意识形态。所以当时那种封建经济基础决定的上层建筑不能容纳它，从而阳明心学必然要被其他学术形态所取代，但是又产生不了新的学术形态。

所以入清之初，一些有作为的思想家在探讨明朝灭亡的历史教训时，就把矛头先是指向阳明心学，随后又指向整个宋明理学。因为找不到中国学术发展的新出路，就只能回归到被宋明理学家讲乱了的儒家经典当中去找一条出路。儒家经典应该怎么去诠释它？清代学者他们能找到的路就是汉代的古文经学家文字训诂那条路。顾炎武有一句很有名的话，叫“读九经自考文始，考文自知音始”。这句话一推出来，仿佛有人登高一呼，在万山丛中就激起了回响。我把它归纳为，“以经学济理学之穷”，就形成了一种新的学术潮流。通过重新对经典的诠释，然后逐渐推而广之，就变成了对中国传统经典和数千年学术文化的总结与整理。经学典籍、史学典籍、诸子学典籍、集部典籍等学术经典，清儒都进行了系统完整的总结。这种总结与宋明理学时期那种玄虚的空谈，那种对“性与天道”的探讨就不是一回事了。它是由文字训诂入手，对经典做出准确的诠释，然后阐发经典所蕴含的历史价值和时代意义。清儒走上了这么一条道路。由于这门学问与宋明理学不一样，它用的是“朴质无华，信而有征”的方法。我用这八个字来看清学，“朴质无华”是相对于宋明理学家探讨的范围与方法来讲的。无论是“尊德性”也好，“道问学”也好，他们探讨的是“性与天道”的大问题，这种探讨与清儒这种准确地诠释经典是截然不同的。清儒的这种学问讲究的是要有根有据，要原原本本，是一种朴质的本原之学。这就和宋明理学的体系不一样了。

清儒的这种学问，从梁任公开始，就把它称为“考证学”，或者“考据学”。实际上叫“考证学”或者是“考据学”，早在清初封建朝廷当中，帝王和大臣在经筵日讲上就提出了不同的主张。大家去看《清实录》就会发现，从康熙皇帝到雍正皇帝，他们都不赞成用“考证”来讲一门学问。而到了乾嘉时代，乾嘉学派中人，一些大师，如焦循、王引之等就对“考据”这两个字提出批评，不赞成用“考据学”来讲他们的学问。到了晚清以后，学术界就出现了会通汉宋的学术主张和学术潮流，会通汉学和宋学来寻求中国学术发展的新路。希望大家好好去看一看王国维先生写的《沈乙庵先生七十寿序》，静安先生在 1919 年给沈曾植先生的 70 寿序中，总结清代三百年的学术，分三个阶段来谈。“国初之学大”，用了一个“大”字；“乾嘉之学精”，用了一个“精”字；“而道咸以降之学新”，用的是“新”字。大家是不是可以在这三个字上下点儿功夫，做点儿文章，尤其是后边那个“新”字。静安先生讲的这个“新”是什么？是不是仅仅局限于鸦片战争以后传入中国的西方学问？如果仅仅是，那就太简单了。这个“新”，我个人理解，它首先是指中国传统学术在会通汉宋之中而求新，这是第一方面，而且是主流；第二方面，在阐发春秋公羊学大义中以经议政，在变法图强当中求新，这就演化成“戊戌维新”的思潮；第三方面，将西学化为我有而求新。这个“新”字至少包含这三个方面，而且主流是会通汉宋以求新，那是我们中国学术的主流，这就是我讲的“内在逻辑”，也是余英时先生讲的“内在理路”。所以正是这三个学术“新”潮流，共同推进了辛亥首义。这个是从思想背景上讲辛亥首义，另外再加的话就是武装抗清了，就是章太炎先生他们倡议的“革命排满”说，所以说这几种学术潮流就共同“埋葬”了清王朝。

我今天给各位讲的是很粗的线条。清代三百年学问，我现在提出我的看法。我认为我们应该用“朴学”二字来总结。为什么我要说是“朴学”？就是那八个字，“朴质无华，信而有征”。实际上“朴学”二字不是我生造的，中国古代早就有，至迟在西汉中叶已经流行。到了清代，我们大家去看看清代的典籍，清儒的著作，我读这辈子的书，我发现“朴学”二字最早是在乾隆初出现的。王峻先生在主持苏州紫阳书院时，他为书院弟子的一部书作的序中第一次提出“朴学”这个概念。随后王峻先生的弟子钱大昕先生在他的《潜研堂集》当中多次提到“朴学”。“朴学”在学术界逐渐有人认可，逐渐有人在用。一直到民国初年，章太炎先生有个弟子叫支伟成，支先生作了一部很出名的书，叫《清代朴学大师列传》，支伟成先生就用“朴学”来讲清代三百年学问。而这本书的书稿是经过太炎先生逐字逐句审定过的，太炎先生提了很多条意见，唯独没有对书名提出商榷。可见太炎先生是默许了，默许“朴学”这个概念。所以后来也有人在用“朴学”，包括我的老师杨先生，我的老师除了早在50年代用“汉学”来讲清代学术以外，到晚年也是用“朴学”这个概念。杨先生在1992年为我的《清初学术思辨录》那本书写了一篇极好的序，在这篇序中，杨先生就用了“朴学”二字。

所以我建议大家，是否可以尝试用“朴学”二字来总结概括清代三百年学术。不管赞不赞成，有兴趣的话可以去梳理一下。今后可以在我们学院举办一些学术讨论，做一些文化沙龙；也可以在我们的学报上组织一些笔谈。最后希望黄诚老师在我们学院把“清代学术研究中心”的牌子挂起来。我们就用“清代学术的历史定位”，向学术界发出我们贵州大学学人的先声。我希望能够引起全国各地所有学人的共同注意，最后在我们这代人，尤其是年轻学者们的共同努力下，把这个问题给解决了。这是我们的学术使命，我没有完成它，我很惭愧。希望大家共同努力解决这个问题。今后我们的领袖、我们的政治家在向海内外学者讲我们中国几千年学问时，就可以理直气壮地把清代三百年学术称为“朴学”了。那样恐怕不仅仅是我了，还有若干老一辈学人，他们就能够含笑九泉了。

讲得不对的地方请大家多多指教。

（陈祖武先生于 2022 年 4 月 19 日审阅）

关于贵州人民出版社“中国历代名著全译丛书”及其再版[①]

这套丛书出版时间很早，也很有影响，是开风气的一套书。现在这类书很多，但是贵州人民出版社早在八九十年代就出版了，可见贵州出版界的眼光和魄力。这套丛书的许多作者也是第一流的专家学者，所以质量也很高。比如《水经注》的作者就是《水经注》研究的权威专家陈桥驿先生。现在这套书选取其中精华部分再版，在弘扬中华优秀传统文化的今天，价值和意义就更不同于以往。感谢家乡出版界同志们的厚爱，邀请我担任学术顾问。

我每收到一本书，都首先看书的“前言”或者“序”。总的来说，尤其是开始寄给我的那两本，《周易》和《老子》，那是相当好。尤其是《老子》，是老前辈做的，水平很高。《周易》也做得很好，很有特色。但是美中不足的是，序里“陈抟”的“抟”字写成“搏”了。后边也有类似的问题。虽然这在出版允许的差错率之内，但是我们还是要精益求精，尽量杜绝，尤其是翻开书的第一页。开始就出错，这真的是影响读者的情绪。这是我看了后的第一个建议。包括后来的《传习录》也有个别的文字不对。新民教授给《传习录全译》做的这个序很好，又是顾久先生解释翻译的。但也有个别的字不对，这估计是编辑校对时没注意到。总体来看，整个书很好。

我提的第二个建议就是书不要太厚，每一本书的篇幅差异也不

① 2021年10月，陈祖武先生回到贵州大学参加“感恩书屋”开启典礼。其间，贵州人民出版社副总编辑谢丹华女士拜访陈祖武先生，谈及贵州出版事宜等相关话题。此根据当时谈话记录整理。

要太大。这个书的目的是普及，是做给人民大众看的，要从读者出发，在篇幅上要好好考虑。我们可以想想，一个工人拿着这么厚的书的场景。即使是在家里也很难展开阅读，躺着看更不可能。比如《四书》做得太厚，还有一本也很厚。对，就是《近思录》，也很厚。这两本书都偏厚。以后类似情况可以拆成上中下或者上下几册出版。比如说《四书》就可以分开，其中篇幅小的《大学》和《中庸》可以合成一本，《论语》《孟子》各自独立成册。简而言之，宗旨是要便于读者阅读。

这样的情况在新中国成立初期出版二十四史时也出现过。我们今天看到的二十四史点校本，就是中华书局出版的那套绿皮本，每本篇幅都不大，也大体一致，很便于阅读携带。为什么会这样呢？就是因为当时《史记》出版时，只有上下两册，很是笨重。毛泽东主席就以开玩笑的形式提出建议说，只有大力士才能读。中华书局吸收了毛主席的建议，所以后来出版的二十四史都是篇幅大小都很适合读者阅读的开本。

这个经验值得我们学习。总而言之，要根据丛书的定位，充分考虑到读者，在形式和内容上进行改进。要便于读者阅读。我们出版社要以读者为第一位，读者至上，为读者服务，为我们国家的“以文化人”的战略目标服务。

国务院参事室原主任陈进玉同志在主持出版《中华传统美德一百句》时，就有各种版本，有些是精装本，有些是简装本，还有口袋本，便于随身携带阅读，比如在地铁上就可以阅读。所以我想我们这个书，既然是传承中华优秀传统文化，就要有便于读者，这是我们的宗旨。

谈“黔学”及地域学术研究①

新民教授提出“新黔学”这个概念。我也不是很清楚他是如何考虑的。以前我还不知道，我最初知道是安徽大学徐道彬教授告诉我的，说新民教授在贵州提出“新黔学”，他们自己也在安徽做“皖学”。现在许多地域的学术都纷纷起来，像四川要做“蜀学”，福建要做“闽学”等。所以新民教授提出“新黔学”，我听到也很赞成。但是我是给新民提建议啦，因为我比新民痴长几岁，我把他视为我的好兄弟。我很敬重新民，人也好，学问也好。再加上他又是我的老师张振珮先生的公子。新民的老父亲教过我，而且是给我影响极大的一位老先生。所以我很关注新民和他的最新研究动向。

但是怎么把地域学术与整个中华学术融为一体，这是要下功夫的。不能孤立地来做“新黔学”和地域学术。不能走老路，把自己封闭起来了。实际上，“新黔学”和地域学术是整个中华学术不可分割的一个部分，而且它和中原的整个学术主流是相互补充的，你中有我，我中有你。所以我是建议新民，希望能够把晚清贵州的地域学术是怎样融入中国近代历史的洪流，把这个趋势的具体过程昭示出来。我建议新民把这个作为一个课题来研究。

其次就是黔中阳明学。王阳明是在贵州提出他的“知行合一”的主张。这应该说与阳明学的崛起分不开的。我建议新民把它纳入“新黔学”之中，并且是其中很重要的部分。因为它与中华学术的关系非常密切。

① 这是2021年10月中旬陈祖武先生回乡期间与贵州部分青年学者的谈话节录。由本书访谈整理者笔录整理，并经陈祖武先生审阅。

最后我还给新民提了另外一个建议，也就是第三个建议，我们要对全局性的、大家共同关心的前沿问题，发出我们的声音。现在关于学术史，有一个很重要的、值得我们全国的学者都关心的问题。有兴趣的学者可以参与研究、讨论。那就是清代学术的历史定位问题。对晚明以来的三百年中华学术，究竟给一个什么样的名称来概括、称呼？就像“先秦诸子”“两汉经学”“魏晋玄学”“隋唐佛学”“宋明理学”，就像这些学术体系的名称，经过近百年的研究，学术界已经达成共识。但是清代这三百年的学问，给它取个什么样的名字？学术界没达成共识！有人叫“考据学”，有人叫“汉学”，有人叫“考证学”，有人叫“朴学”，没达成一致。我为什么会想起这个问题呢？因为习近平同志 2014 年在人民大会堂纪念孔子诞辰 2565 周年大会上的那个讲话，那时中外学术界都参加的啊。[①]讲话回忆中国古代的学术史，就讲到“宋明理学”为止，在它之后，习近平同志用的是个“等”字。这样一下就把近三百年的学问“等”掉了。当然这不是习近平同志的问题，而是我们学术界的问题。因为我们学术界没达成共识，没完成这个时代所赋予我们的任务。习近平同志作为一个政治家、一个领袖，不会来帮助学术界完成这个问题。学术界要从这个“等”字出发去做文章、去做学问了。希望新民他们能够组织力量对这个关乎前沿、全局的问题做深入研究，发出贵州学者的声音。假如我们贵州学者能够拿出真知灼见，最后被学术界采纳了，那就是“新黔学”的一个大贡献啊。

总而言之，“新黔学”一定要有中华学术的大局意识，不能仅限一隅。我们做的虽然是地域的研究，但是心中一定要有一个恢宏广大的格局，没有这个格局，地域研究也不会产生多大的影响，也不会有远大的前途。

① 《习近平在纪念孔子诞辰2565周年国际学术研讨会上的讲话》，新华网北京2014年9月24日电。

附 录

谈谈史学工作者的责任和素养

我做的学问很窄，懂得的东西很少，尤其对当代中国史，简直没有任何发言权，所以始终不敢来。对于来讲什么问题，我也很犹豫。如果讲我在国家图书馆文津讲坛讲的那些东西，大家不一定感兴趣。如果讲一些大道理，又非我所擅长。考虑再三，决定还是讲点共性的问题。在座的各位和我一样都是史学工作者，我今天就讲一讲史学工作者的责任和素养问题。

我们中国有个好传统，就是尊重历史、热爱历史。中国的史家几千年来也有一个好传统，就是实事求是、秉笔直书，这是我们中国史学界引以为荣的传统。唐代的史学大师刘知几进行理论总结，在史家的素养问题上，提出了“才、学、识”三个字。到了清代乾嘉时期，史学大师章学诚发展了刘知几的主张，在“才、学、识”三个字之后，又加了一个“德”字。他的《文史通义》专门有一篇，叫《史德》，这就把“才、学、识”和“德”合起来了。我认为，这四个字是我们史学工作者要尽职尽责做到的。如果把这四个字与我们新的时代任务结合起来解释，就是说作为一个史学工作者，应当有正确的立场、观点和良好的学术素养。

一、史学工作者应当怎样尽到自己的历史责任

任何一个时代的历史学家都有一个时代责任的问题。我们国家改革开放已经20多年了，取得了大踏步的前进，这在中国历史上是空前的。但是各位如果冷静地看一看，就会发现现在的问题也不少。为什么邓小平同志说要韬光养晦？为什么江泽民、胡锦涛同

志说要居安思危，要有忧患意识？道理就在这里。我们要正视存在的问题。我们虽然建国已经56年，取得了很大的成绩，但是有很多目标还没有达到。苏联建国70多年，国家照样变色，这对于我们来说就是一个教训。因此，我们面临着一个如何保证社会主义制度不变、人民民主专政的体制不变、如何保持国家的长治久安的问题。这是最近若干年来党中央关注的一个大问题，也是党中央给我们哲学社会科学工作者提出的一个大课题。今天我们无论研究任何课题，脑子里绝不要忘记这个根本的题目。我认为史学工作者一定要为国家的长治久安去进行研究，这是史学工作者的时代责任，也是我们应有的立场。为了实现国家的长治久安，现在党中央提出了科学发展观、构建社会主义和谐社会、建设社会主义新农村、以人为本等命题。这些都是从改革开放以来的实际出发、继承和发扬中华民族的优良传统、借鉴国际共产主义的经验和教训而提出来的，也是我们哲学社会科学工作者尤其是史学工作者需要深入研究的重大问题。2005年春夏之交，我们社科院社会学所的两位同志到中南海和中央政治局的同志一起学习时，胡锦涛同志就提出了研究中国古代的社会建设的任务。这个任务，我们历史研究所要承担。现在，国家社科基金也把和谐社会问题、中国古代的社会建设问题、“三农”问题等作为重大的理论课题来招标。如何在构建社会主义和谐社会中发挥史学工作者的作用，这是当前历史研究工作中应当高度重视的一个问题。这个问题我们搞古代史研究的学人都相当关注，搞当代史研究的学人就更应该关注了。

我听说在当代中国研究所做研究工作的同志，除了历史系毕业的外，还有其他各个专业的。我打个不恰当的比方，社科院类似于过去的翰林院，翰林院是储才之地，但是翰林未必都能进入国史馆。在封建时代能够参加修国史，那是很了不起的事。各位在这里修国史，是无上光荣的事情。所以我很羡慕你们。明清两代为修国史争议的问题很多，那些经验很值得好好总结。能在国史馆为修国史效力，肩上的责任很大，应该和党中央保持高度一致，应该研究如何构建社会主义和谐社会这样的重大问题。

中华民族有五千年的文明史，把优良传统传下去，史学工作者也有义不容辞的责任。世界上几个古代文明为什么只有中华文明能不间断地传下来？一个很重要的原因就是因为中华文明具有自成体系的史书，有五千年一以贯之的史学传统。史书就是中华文明得以传承的一个重要载体，因此，史学工作者可以说是中华文明的重要传承者。我们应当把工作做好，用我们编纂的史书把中华文明的优秀传统传承下去。

这些年我和出版界的同志联系较多，新闻出版总署也经常让我参加他们的一些座谈会、讨论会。最近十多年来，我们国家的书越出越多了，到书店里去看，确实是琳琅满目，装帧设计也越来越好。从形式上看差不多和国际接轨了，但质量上有没有和国际接轨却是一个大问题。我在书店往往花费几个小时去找书，找不到几本值得买的书。这是一个很严酷的现实。书很多，但是真正有分量的力作太少。我听有关同志说，现在我们每年出版的书比美国还多，但是废品也多，真正能传之后世的太少。有关部门的同志说，今后的出版方针是改变追求当出版大国的方向，争取成为出版强国，多出有分量的好书。这给我们从事历史研究的学人提出了一个更高的要求，就是要拿出对得起国家、对得起人民的精品力作来，而不要做粗制滥造的东西。我一年能写一两篇好的文章就满足了。我在历史所这几年，从不提量的要求，你一年哪怕只写一篇文章，也不管在哪里发表，只要有质量就好，年终总结时就讲这篇文章。现在一些地方规定一年一定要写多少篇文章，还规定要在什么核心期刊、国家级刊物发表，这是不科学的。应该踏踏实实、潜下心来，先把论文写好。专题研究积累到了一定程度，再写专著。

二、一个史学工作者应当具备什么样的理论素养

历史研究必须坚持以马克思主义唯物史观为指导，这是史学工作者加强自己素养的必然途径。有的人发表文章批评唯物史观，认为唯物史观存在重大缺陷，要用自己的观点去发展马克思主义的历史观，影响是很坏的。也有人把斯大林妖魔化，把新中国史学工作者为之奋斗了几十年和几代人的马克思主义的科学理论体系，一概说成是“联共（布）党史教程的体系”。其实质在于通过抹杀斯大林来全盘否定苏联的社会主义制度，通过全盘否定斯大林和苏联的社会主义制度，否定马克思主义唯物史观的科学指导地位。对此，我们必须旗帜鲜明地反对，毫不含糊地在史学工作者中倡导运用马克思主义的立场、观点和方法来研究和解决历史问题，不能让否定马克思主义唯物史观的思潮蔓延。

作为马克思主义经典作家观察人类社会的发展历程而建立的社会经济形态学说，我们是一定要坚持的。诚然，对于人类社会的发展绝不能用一个简单的公式来套，因为不是任何一个国家、任何一个民族都要一个不漏地经历从原始社会、奴隶社会、封建社会到资本主义社会和社会主义社会的过程。但是，我们在观察社会问题的时候，一定不要忘记考察那个时代的社会经济形态。现在史学界有人否定五种社会经济形态的划分，从表面上看是在讲学术问题，实质上是要否定马克思主义经典作家提出的社会经济形态学说。马克思主义经典作家的社会经济形态学说，最终的归结点是社会主义制度一定要代替资本主义制度，认为这是不以人的主观意志为转移的客观规律。而否认社会经济形态学说的要害，就是要否认社会主义制度取代资本主义制度的历史必然性，这是问题的症结所在。因此，马克思主义的社会经济形态学说是我们必须坚守的一块阵地，绝对不能放弃，如果我们从这个阵地上退缩一步，马克思主义的唯物史

观就要被人家攻破。

下面我举一些有共性的能和大家交流的例子，请大家看看究竟是唯心史观能揭示历史的真相，还是唯物史观能揭示历史的真相。

第一个例子是目前在出版界和学术界比较热的余英时先生的例子。余英时先生是一位令人尊敬的学者，学贯中西。余先生是钱穆先生的高足，是钱先生到新亚以后培养出来的第一位高才生。余先生有一部很有名的书叫《清代思想史的新解释》，在书中提出了一个很有价值的见解，叫“内在理路”说，是研究学术史的人公认的创见。新中国成立后，大陆一度受“左”的影响，在研究历史问题时往往把历史问题简单化，没有深入到学术发展的内在逻辑中去寻找历史发展的线索，往往只分析一些外在的原因。余先生深入到学术发展的内在逻辑当中去揭示问题，这是他的一个贡献。但是，余先生因为对唯物史观成见太深，对共产党成见太深，因此蓄意不讲社会存在对社会意识的影响，不讲学术发展受客观社会环境制约这个基本的道理。而他的老师钱穆先生在《中国近三百年学术史》里却提出“学术流变，与时消息”，就是说学术的发展演变是和时代步伐吻合的。这是一个很好的主张，是和马克思主义唯物史观不谋而合，可以产生共鸣的。余先生蓄意不讲这个主张，只讲“内在理路”，结果很多问题说不通，无法做出准确的解释。我认为，谈思想，谈学术，一定要把思想史和社会史结合起来。我建议今后修当代史，写当代中国学术的发展，不仅要借鉴余英时先生提出的“内在理路”说，在内在逻辑上去下功夫，而且一定要坚持马克思主义唯物史观提出的社会存在决定社会意识的基本观点，从主观和客观两方面来分析新中国成立以来学术发展的脉络，正确总结历史的经验和教训。

第二个例子是20世纪80年代中期在我国学术史和思想史研究中出现的一个引起不少学者关注的事情。这是由历史博物馆一位老先生在《文物》杂志上公布早年毛主席送给该馆收藏的王夫之亲笔写的一篇《双鹤瑞舞赋》而引起的。这篇赋在王夫之诗文集中没有，是王夫之的手迹，很有文物价值和学术价值。历史博物馆的这位老先生很值得人尊敬，学问很大，尤其是对古董的鉴识很有眼光。当然，他也有失误，在王夫之的这篇赋的鉴识上，这位老先生就失误了。王夫之这篇赋写的是“赋赠安远大将军”。这位老先生没有花工夫认真检索历史文献，就把安远大将军判断为是康熙十三年（1674）清政府派到湖南前线剿平吴三桂叛乱的将军尚善。王夫之在赋中说了很多恭维大将军的话，如果这篇赋真是写给清政府派到前线总指挥的，那王夫之的民族气节就大成问题了，对王夫之的评价就要重新做了。我们都知道，王夫之是很有民族气节的思想家、学问家。这篇赋一公布，在学术界引起很大的反响。一些搞哲学史的学者就跟随这位老先生的判断，为王夫之重新做了年表，重新写了很多关于评价王夫之民族观和气节的文章。这成为当时在王夫之研究、清史研究中的一件大事。作为一个史学工作者，首先要把历史的真相弄清楚，要用我们创造性的劳动把历史的真相原原本本揭示出来。我读王夫之的书很多年，没有发现王夫之晚年在民族气节上有失节的现象和可能，也没有发现王夫之与清朝的高级将领有往来的事情。于是我就花工夫读这篇赋，结果从赋前边的序中看到，王夫之赋赠的这位大将军，不是赴湖南前线，而是在广西桂林。因为赋里说得很清楚，“望秀峰，梦漓水”，而秀峰、漓水指的都是桂林。我沿着这个线索继续寻找史料，终于恍然大悟。原来，和清朝派到湖南平叛的安远大将军的同时还有一位安远大将军，这就是驻扎在桂林参与吴三桂叛乱的孙延龄。他举起叛清的旗帜后，自封为安远大将军。我通过若干历史文献的考证，用事实来说话，恢复了历史的真相，总算得到学术界的认可。在王夫之研究中出现的这个起伏已经过去了，我举这个例子是要说明研究历史必须充分占有资料，通过对历史文献的考证弄清问题，只有这样才能做到实事求是。我们搞历史研究的，看问题一定要从长远看，把名利看得淡一些。南开大学的郑天挺先生曾经跟我说，要牢记历史学的特点，做到字字有根据，句句有来历。郑老还说，历史发展错综复杂，不能简单化，要广泛联系前后左右、上下四方。这些话使我终身受益。

我们研究历史人物的时候，会遇到很多干扰。作为史学工作者，坚持实事求是的原则应当是一个基本的要求。但是，在历史人物研究中，如果历史人物的后人还在，就是一个很棘手的问题。我看研究当代中国史更是如此，因为有些老同志或他们的子女还在，如何记录和评价他们经历的历史，就很可能成为问题。现在修家谱、修族谱的风很盛行，尤其是沿海地区。这是个很值得注意的现象。我们写当代史，宣扬什么，反对什么，要在取舍之中看出我们的观点。我举评价历史人物的例子，就是为了说明我们坚持实事求是的态度，绝不能够为一些不良倾向所左右。现在有一种现象我很反感，就是有些人认为自己手上有几个钱，就可以曲解历史、篡改历史，这是很值得我们注意的。现在史学界有些人喜欢做翻案文章，还有人为吴三桂翻案。我认为吴三桂是个铁案，绝对不能翻，否则就没有是非了，就没有民族气节了。

还有一个例子。最近十年来，我们做乾嘉学派的研究，这是社科院的重大项目。我个人先做了很多年，后来我们研究所的年轻学人又加进来一起做了五年。经过将近十年的努力，课题已经做完了，前期成果《乾嘉学术编年》已经出版。为什么要花那么多年的工夫做《乾嘉学术编年》？这缘于我的一个很深的学术体会。1992 年，我第一次应邀到台湾访问，参加台湾“中央研究院”的学术讨论会，提交的论文叫《乾嘉学派吴皖分野说商榷》。以往学术界认为乾嘉学派分为吴派和皖派，过去我也是这么认为的。

随着自己研究的深入，我觉得这样的看法还可以进一步讨论。在20世纪80年代后期，我逐渐形成了乾嘉学派不能够用吴、皖两派来简单划分的看法，认为应该把它们看成一个历史过程来研究。因此，我写了这篇文章到台湾出席讨论会。会上对我的发言没有什么大的反映，但是会后不久，台湾地区“中央研究院”文哲研究所召开了全岛研究这个问题的学人的会议，随即把乾嘉学派的研究项目用所谓“国科会”的名义立项，由政府给了大量资助进行研究。十多年来，他们不间断地出了很多成果，而我们这边因为没有人来领头，虽然人才济济，但是不能形成合力，没有出什么成果。自从两岸沟通后，双方学术界互相之间也产生了影响，其中既有好的影响，也有坏的影响。我们这边一些人把历史问题简单化、不在历史文献上下功夫的坏风气就影响了对方，结果在乾嘉学派研究当中就妨碍了研究的深入。正是有感于此，我在1999年参加台湾第七届清代学术研讨会的时候提出，要重视乾嘉学术文献的整理和研究。我呼吁两岸的学人联起手来进一步开展这方面的工作。从那以后，我把研究所的几位年轻学人集合在一起，做《乾嘉学术编年》。我们爬梳了数百种文献，我还把整个道光以前的实录全部通读一遍，把其中关于学术史的资料找出来，然后把乾嘉时代学人的论著按人做出编年，把不同学者的资料汇集在一起，就成了这么一部卷帙比较大的《乾嘉学术编年》。为什么要做这个编年？一方面是要在学术界倡导一种从文献出发、实事求是、严谨务实的研究风气，另一方面是想通过我们艰苦的劳动来解决乾嘉学派研究中存在的问题；还有一个想法是通过自己的努力，通过和年轻学人一起劳动为研究所培养年轻的学术骨干。这部书从出版到现在，还没有见到学术界的批评。当然，我估计随着时间的推移，会有学人来批评它，我是希望有很多学人来批评、订补《乾嘉学术编年》的，因为，乾嘉时代的学术文献浩如烟海，仅靠我们几个同志花这几年功夫是远远不能做完的。我真诚希望有兴趣的学人帮我们来订补它，使它有朝一日能够再版，做成更加完善的东西。

三、“博学于文，行己有耻”

下边，我再讲讲关于“博学于文，行己有耻”的问题。这也是一个学风建设的问题，是我一生的追求。这十多年来，有感于学术界和社会的风气，我把这种追求公开讲出来。现在学术界的一些风气很不好，急功近利，急于求成，对有益的古训更是早已置之脑后。孔子在讲“为学”时曾讲到要“博学于文”，这里的“文”，不是简单的指书本知识，而是指整个人文，是我们学人的学术素养。史学工作者最要讲素养，因为历史学科是讲求积累的学问，如果积累不到一定的程度，是不能取得发言权的。现在有些人浅尝辄止，急于发表文章，而且由于科研手段先进了，电脑上什么都有，写文章可以从电脑上下载，东拼西凑，很容易就能搞成一篇洋洋洒洒数千字上万字的文章。我认为这样做学问不是好办法。历史学是积累的学问，还是要多读书，要养成一天不读书就难受的习惯。

除了要贯彻孔子“博学于文”的教诲，还要做到“行己有耻”，就是说要知道什么是耻辱。什么事情该做，什么事情不该做，自己脑子里要十分清楚才行。现在有些人拿了洋人的钱，就公然地在国外讲坛上骂自己的老祖宗，诋毁中华民族的优良传统。有些共产党员拿了人家的钱，在人家那边游览一趟，回来也替人家说好话。这里面原因很多，但和一些学人不注意自身素养、忘记“行己有耻”的古训不无关系。在一些人眼里，似乎没有钱就不成其为人了，就办不成事了。我们过去没有课题费，不是照样可以做出学问来吗？现在有的课题，钱越多越靠不住。因此，我们不仅要“博学于文”，而且要“行己有耻”。学人要律己，应当树立一个做人的原则，就是什么事情对国家民族有利就要做，对国家民族不利就不要做。江泽民同志在2002年到中国社会科学院来视察，提出要把做人、做学问、做事情连在一起。这个主张我最赞成。我今天特别强调孔子的“博学于文，行己有耻”八个字，以及江泽民同志的要把做人、做学问、做事情三者合在一起的话，目的在于同大家共勉。

（本文原载《当代中国史研究》2006年第3期。）

关于新中国历史学六十年的几点思考

今年，欣逢中华人民共和国建国六十周年，政通人和，普天同庆。在中国的传统纪年中，六十年是一个甲子，吉祥如意，最可纪念。而新中国的六十年，更以其空前巨大的历史进步，在中华文明的五千年历史中书写下壮丽篇章，尤其值得我们去纪念、去总结。

中国历史学六十年的发展道路

建国六十年来的中国历史学，大致经历了三个发展阶段。第一个阶段是从 1949 年新中国建立到 1966 年“文化大革命”开始前的十七年，第二个阶段是从 1966 年到 1976 年的“文革”十年，第三个阶段是 1978 年改革开放以来的三十一年。在第二、三两个阶段间，有一个两年的过渡时期，就这两年间拨乱反正的主要内容而言，我们也可以把它归入第三个阶段。第一个阶段的基本特征，是以马克思主义为指导，对旧史学进行革命性的改造，确立了马克思主义唯物史观对中国历史学的指导地位，初步建立起新中国历史学的学科体系。第二个阶段，由于反科学的“影射史学”的倒行逆施，历史唯心主义泛滥成灾，广大史学工作者的尊严和创造性劳动遭到了践踏和摧残，中国历史学走了很大的弯路。第三个阶段，在经历拨乱反正之后，中国历史学重新确立了马克思主义唯物史观的指导地位，广大史学工作者解放思想、实事求是，用艰苦的创造性劳动，迎来了中国历史学的春天。尤其是 2004 年以来，马克思主义理论研究与建设工程在全国范围的实施，为包括历史学在内的我国哲学社会科学事业的进一步繁荣和发展，提供了坚强有力的保证。这是中国历史学经历“文革”十年的破坏之后，从复苏走向繁荣和发展的重要阶段，也是中国历史学为新中国的下一个六十年大发展、大繁荣积聚力量的重要阶段。

新中国历史学的六十年，在前进的道路上，虽然存在过这样那样的失误，特别是经历“文革”十年的挫折，留下了许许多多沉痛的教训，但是就其总体而言，成就卓著，业绩辉煌，是以往任何一个历史时代所无法比拟的。这六十年的主要成绩，我们可以大致整理归纳为如下几个方面。

第一，坚定不移地以马克思主义和中国特色社会主义理论体系为指导，确保中国历史学始终沿着正确的、科学的、健康的发展道路前进。在建立中国历史学新的学科体系的艰苦历程中，郭沫若、范文澜、吕振羽、翦伯赞、侯外庐、尹达、刘大年、白寿彝等老一辈马克思主义历史学家，紧紧团结顾颉刚、陈垣、陈寅恪、徐中舒、唐长孺、郑天挺、荣孟源、罗尔纲、吴于廑等众多学贯中西、造诣精湛的史学大师，建树了卓越的历史功勋。在他们的培养教育之下，自觉地学习和运用马克思主义唯物史观于教学和研究实践，努力投身马克思主义中国化伟大历史进程的史学工作者，一代接一代地成长起来，成为我国历史学界的中坚力量。一大批学业专精，富有时代责任感的中青年史学工作者，在历史学科的各个领域崭露头角，精进不已，成长为前途无可限量的学术带头人。

第二，以中国经济社会的变迁为研究中心，系统地梳理数千年中国社会经济形态的演进过程，深入探讨中国历史发展的独特道路。广大史学工作者从历史与现实相结合的角度，立足国情，放眼世界，用自己的创造性劳动，论证了没有中国共产党就没有新中国，只有社会主义才能救中国，只有社会主义才能发展中国，建设中国特色社会主义是历史的必由之路。

第三，弘扬中华文化，整理文化典籍。六十年来，《史记》《汉书》《后汉书》《三国志》《资治通鉴》等一批又一批的历代史籍和文化典籍得到了系统完整的整理。随着经济建设的发展和改革开放的深入，一大批埋藏地底、尘封暗室和流失海外的历史文献陆续问世，得到精心整理。广大史学工作者将传世文献与出土文献的整理和研究相结合，实事求是，开拓创新，以史为镜，咨政育人，形成了为实现新时期中华文化大发展、大繁荣而奋斗的共同认识。

第四，解放思想，实事求是的思想路线日益深入人心，学术研究的思想束缚和人为桎梏已经打破。改革开放的伟大决策，不断推动中外学术文化交流走向深入。广大史学工作者将中国历史学的优良传统与当代人类文明的先进成果相结合，努力开拓新兴学科，实现史学方法的更新和研究手段的现代化。既维护社会主义的核心价值体系，又尊重差异，包容多样，百花齐放，百家争鸣，一个和谐民主的良好学术环境已经形成。

第五，学风建设问题日益引起广大史学工作者的高度关注，理论联系实际、实事求是优良学风的继承和发扬，成为共同的时代呼声。急功近利、短视浮躁、剽窃抄袭等不良学风和不端行为，犹如过街老鼠，理所当然地受到广大史学工作者的唾弃和谴责。秉持强烈的社会责任意识，严谨笃实、开拓创新、一丝不苟的优良学风，正在成为广大史学工作者的执著追求。

对历史学学科属性的认识

如同哲学社会科学中的诸多学科一样，历史学既有与其他学科相同的科学属性和学术规律，同时又因其自身的学术个性而具有独特的学科属性和特殊的学术规律。从一定意义上说，新中国历史学的六十年，正是我们史学工作者对历史学学科属性认识不断深化，尊重和遵循历史学学术规律的自觉性不断提高的过程。在这个问题上，三十年前，已故著名史学家郑天挺先生对我的一次教诲，令我铭刻在心，终身不忘。

那是20世纪80年代初北京的一个冬日，当时郑老正在出席第五届全国人民代表大会第三次全体会议，下榻于复兴门外海军大院，这天晚八时，我应约前往海军大院拜谒。此后的一个小时中，老人家不顾83岁高龄，详细询问了我在历史研究所的学习和工作情况，并就我日后的研究方向作了如下几个方面的教诲。

第一，关于历史学的学科属性。郑老说，历史学是一门很务实的学问，讲究字字有根据，句句有来历，千万不可脱离实际，空发议论。因此，要刻苦读书，不断积累知识，充分占有史料，努力学会正确驾驭史料。

第二，关于治史方法论。郑老说，历史现象错综复杂，千姿百态，一定要充分认识这种复杂性，切忌把历史问题简单化。观察历史问题，一定要从实际出发，实事求是。要努力学习辩证法，学会广泛联系。研究历史现象，既要看到它的正面，也要看到它的反面，还要看到东南西北、四面八方。

第三，关于历史人物评价。不要苛求古人，要学会设身处地，把研究对象放到他所生活的具体历史环境中去，具体问题具体分析。郑老说，当前，一些同志有兴趣作翻案文章，固然对历史现象、历史人物都有一个不断认识的问题，但是一些基本的大是大非是不能含糊的。譬如说吴三桂的评价问题，民族气节这样的大是大非不能不讲，这是个铁案，不能翻。又如顾炎武，他是著名的明遗民，郑老说，康熙七年的莱州诗狱，顾炎武由北京南下济南投案，所呈诉状用什么纪年？是用崇祯，还是康熙，还是不加年号的干支？临别，老人家特地叮嘱，这个问题我也没有找到答案，你可以注意找一找。

郑老三十年前的教诲，既讲了历史观，也讲了方法论，还讲了具体的历史个案，之后的三十年间，始终是我学史、读史、治史的指南。惟深感愧疚者，则是老人家就顾炎武生平叮嘱我寻找答案的问题，直到郑老去世十余年之后，方才有了结果。据《山东颜氏家藏尺牍》一书载，康熙七年（1668），顾炎武南下济南投案，曾有手札一通致颜修来，该札之后，附有顾炎武手书诉状一纸，所用纪年正是“康熙”。这就是说，身为明遗民的顾炎武，在被迫同清地方当局发生往还的时候，并没有用明朝的崇祯纪年，也没有用不加年号的干支，而是用了当时的年号康熙。我想郑老当年抑或已经估计到这样的历史可能性，只是苦于无法觅得证据，所以才把问题交给我。老人家的用意，正是为了让我在治史实践中，学会不要苛求古人。

《礼记》的《学记》篇中，有一句很有名的话，叫作“学然后知不足”。我们中国是历史悠久的文明古国，以礼仪之邦而著称于世，文献山积，汗牛充栋，为中华民族，也为全人类留下了宝贵的精神财富。认真总结和整理这些宝贵财富，使之发扬光大，造福于今日及尔后社会的发展，是我们史学工作者的历史责任。我们既然选择治史为毕生的事业，一生有读不尽的书，学不尽的知识，做不尽的学问，就应当永远以孜孜求学的学子心志，刻苦读书，精进不已。这是我们的天职，也是人生最大的乐趣。

时代责任与史家修养

六十年前，中华人民共和国的诞生，向全世界庄严宣告，中国人民从此站起来了，中华民族任人宰割的时代已经一去不复返了。近三十年间，中国共产党改革开放的伟大决策，使我们的祖国发生了翻天覆地的历史巨变，一个和平发展的泱泱大国，正高举建设中国特色社会主义的伟大旗帜，信心百倍，迈向未来。在建设中国特色社会主义的康庄大道上，构建社会主义和谐社会，实现中华民族的伟大复兴， 这是全体中国人民的共同意愿，也是历史赋予当代中国史学工作者的神圣使命。为了同心同德、聚精会神地承担起这样一个光荣的时代责任，我谨提出如下几点建议，与史学界的同志们共勉。

首先，是一个学习问题。我们生活在一个伟大的历史时代，这是一个需要伟大理论的时代，也是一个产生伟大理论的时代。新中国稳步前进的六十年，尤其是近三十年的巨大历史进步，雄辩地证明，马克思主义不是教条而是真理，在马克思主义中国化的伟大历程中所形成的中国特色社会主义理论体系，一脉相承，体系完整，是指引中国人民从胜利走向胜利的强大思想武器。因此，我们在这里所讨论的学习，首先就是学习马克思主义经典作家的基本著述，学习马克思主义的基本原理，尤其是学习中国特色社会主义理论体系。我们应当在史学工作者队伍中大兴学习之风，倡导认真读书，刻苦钻研，使之蔚成风气，影响全社会。我们要通过这样的学习，统一意志，形成共识，从而焕发出理论创新的强大力量。这是当前必须进一步切实解决的根本问题，只有抓住根本，才能纲举目张。

其次，是一个实践问题。正确的理论来源于实践，实践是检验真理的唯一标准。因此，我们史学工作者必须发扬理论联系实际、实事求是的优良学风，深入生活，深入实际，深入到广大人民群众中去，选取关乎社会发展的重大课题去展开研究。我们要在建设中国特色社会主义的伟大实践中，调查国情，了解国情，研究国情，一切从实际出发，听取群众的意见，反映群众的呼声，当好人民群众利益的代言人。与此同时，我们还要善于学会总结人民群众的实践经验，使之升华为理性认识，从理论与实践的结合上，回答广大人民群众提出的关系全局的重大问题。我们的理论是否正确，是否彻底，最终是要由人民群众的具体实践来检验的。

再次，是一个立场问题。今天的世界，同上个世纪相比，已经发生了很大的变化。随着经济全球化的深入，世界日益趋向一体，而政治多极化趋势的形成和发展，又赋予这种一体以不同于霸权时代的深刻内容和鲜明特征。在当今的世界，认识和解决不同国家、不同地区，甚至是某一个局部的问题，往往都不能同这样一个时代特征割裂开来。因此，我们既要立足国情现实，又要具有世界眼光，善于学会在更广阔的时空中去认识和解决历史学发展中的问题，勇于在国际的学术舞台上展示中国史学工作者的聪明才智，掌握学科前沿问题的发言权和主导权。当前，我们对这个问题重要性的认识，应当说还是很不够的，这方面的人才也不是太多而是太少。这样一种局面，理所当然要下大力气，制定切实规划，认真扭转过来。

复次，是一个胸襟问题。今天，我们的社会已经进入信息时代，各种现象错综复杂，千姿百态，用瞬息万变来形容，或许也不过分。我们史学工作者受到客观条件和自身能力的限制，对形形色色社会现象的认识，往往跟不上认识对象的千变万化。不仅如此，而且就是对同样一个人、一个现象、一件事情，由于我们的立足点不一样，观察角度不一样，具体所处的时间空间不一样，每每会形成不同的认识，甚至得出截然相反的结论。因此，我们要有开阔的胸襟，善于学会尊重不同意见，听取不同声音，摆事实，讲道理，多协商，多沟通。只要工作做细了，做好了，共识还是可以达成的。即使有些分歧一时难以弥合，搁置争议，求同存异，也不失为一个解决问题的办法。这大概就是我们的古代先哲讲的“和而不同”，“一致百虑，殊途同归”。

最后，是一个境界问题。我们中国是一个发展中国家，虽然经过新中国六十年的建设，尤其是近三十年改革开放的发展，我们的综合国力已经得到了较大的提高，人民的生活水平已经有了较大的改善，但是我们的人均国民生产总值还很低，同发达国家相比，还存在很大的差距。要缩短这样一个差距，需要中华民族为之付出几十年甚至是上百年，一代接一代的艰苦奋斗，不懈努力。这是一个必须清醒正视的客观现实。因此，我们千万不要满足于所谓世界第三大经济体的恭维，盲目乐观，忘乎所以。还是以脚踏实地，韬光养晦，认真做好自己的事情为宜。中国人民反对霸权主义，永远不称霸，这绝不是一时的权宜之计，而是社会主义的国家性质所决定的长远发展方针。孔子讲过一句很有道理的话，叫作“人无远虑，必有近忧”。我们的史学工作者无论办什么事情，讲什么道理，都必须从实际出发，从国家的大局出发，从世界的严峻局势出发，居安思危，忧患在胸。

“先天下之忧而忧，后天下之乐而乐”，这是中国古代哲人追求的修身境界。在建立新中国的伟大历史进程中，中国共产党人将这样的追求升华为“全心全意为人民服务”的高尚情操。新中国建国六十年来，本着“为人民服务”的宗旨，为了中国历史学的发展，我国一代接一代的史学工作者，刻苦治学，甘贫甘淡，做出了不可磨灭的贡献。在新的历史时期，随着中国特色社会主义事业的胜利推进，随着我国哲学社会科学的进一步繁荣发展，我们必将为国家和人民做出更多更大的贡献。

（原载中国社会科学院科研局、学部工作局官方网站）

在中国社会科学院历史研究所建所60周年大会上的讲话

（2014年6月10日）

谢谢闫坤同志，谢谢在座的各位。感谢大家让我在大会上发言。我要讲的就是两句话，第一句是感恩，感谢历史所数十年的培养教育深恩。如果没有老一辈师长的培养教育，没有全所同事的关心、爱护和支持，那么就不可能有我今天已届垂暮之年，依然在为国家的学术事业和文化建设竭尽绵薄。这是第一句话。第二句话是共勉。借今天这个机会，我打算提出八个字，同全所的各位年轻同事共勉。这八个字就是：循序渐进，为而不争。

习近平同志说得很好："国无德不兴，人无德不立。"[①]中华传统美德蕴含着丰富的思想道德资源，是中华文化的精髓，也是涵养社会主义核心价值观的重要源泉。当前，认真践行中华传统美德，深入挖掘和阐发其间的思想道德资源，以文化人，以德育人，是我们推进文化建设，提高民族文化素质，应当去努力做好的一桩大事。

中华传统美德之中，有一种可贵的思想，叫作循序渐进。这一思想发端于《老子》，书中说："合抱之木，生于毫末；九层之台，起于累土；千里之行，始于足下。……慎终如始，则无败事。"（《老子·六十四章》）这段话是说，世间万事万物皆有一个发生、发展

① 《习近平：青年要自觉践行社会主义核心价值观》，《人民日报》2014年5月5日02版。

的演进过程，我们无论做任何一件事情都不可能一蹴而就。只有始终如一地保持兢兢业业的态度，而不是虎头蛇尾，才能立于不败之地。孔子主张的“学而时习之”（《论语·学而》）、“温故而知新”（《论语·为政》），讲的也是这个道理。荀子集诸家之说而加改造，乃化为己说：“不积跬步，无以至千里；不积小流，无以成江海。……锲而不舍，金石可镂。”（《荀子·劝学》）发展到南宋，再经朱子的创造性总结，遂成“循序而渐进”（《朱子文集·读书之要》）的至理名言。

为而不争，是蕴含于中华传统美德之中的又一可贵思想。若究其渊源，这一思想同样可以追溯至《老子》。该书最末一章说：“圣人不积，既以为人己愈有，既以与人己愈多。天之道，利而不害；圣人之道，为而不争。”这里说的“不争”，以“为”作前提。所谓“为”，有两层含义，第一层是前引“为人”“与人”，即有利他人、给予他人。第二层则是同书二十二章所言四个“不自”，即“不自见”“不自是”“不自伐”“不自矜”。也就是说，人生在世，既要做有利于他人的事，也要把自己应当做的事情先做好，这才叫作“为而不争”。孔子也主张“君子无所争”（《论语·八佾》），只是讲法略异老子，说的是“矜而不争”（《论语·卫灵公》）。也就是说，不争的前提是“矜”。同一个“矜”字，老子作夸饰、尊大用，主张“不自矜”，孔子则径作庄敬持己用，虽讲法各异，但同样皆从严格律己出发。唯其如此，也就有了孔子的“己欲立而立人，己欲达而达人”（《论语·雍也》）；“己所不欲，勿施于人”（《论语·卫灵公》）。也正是弘扬先贤思想，孟子才会主张：“老吾老以及人之老，幼吾幼以及人之幼。”（《孟子·梁惠王上》）

古往今来，循序渐进、为而不争的思想，有若春雨润物，融入中华民族的精神世界，滋养了一代又一代的先人。然而近若干年来，这样的思想被我们的一些同志渐渐淡忘了。急功近利、追逐金钱的坏习气，蔓延滋长，无孔不入。结果，无序竞争，损人利己，不以为耻，反以为荣。更有甚者，为了谋求一己的肮脏私利，竟然践踏道德底线，挑战国家、民族利益，弄虚作假，伤天害理。长此以往，势必导致道德滑坡、诚信缺失和民族文化素质的下降。有鉴于此，亡羊而补牢，从当前社会风气的实际出发，我们有必要多讲一讲循序渐进、为而不争的道理，若能以之为座右铭，则善莫大焉！

（原载《中国史研究动态》，2014 年第 5 期。）

感恩书屋记[①]

张新民

感恩书屋之名，乃祖武先生积一生心血，以其历年访求珍藏之书，洋洋近万册，悉数捐赠母校贵州大学，遂电话询之余，以为当大书匾额，题写藏书新所，以寓其嘉意。盖先生生于黔地省垣，早岁就读母校历史系，后经史学大家郑天挺先生推荐，转入京师从杨向奎先生游，从此专以治史为志业，笔耕之勤，著述之丰，一时声名震学界。复执掌中国社科院历史所之牛耳，前后几近二十年；后又受聘中央文史馆，所交皆一时大师名宿。然回忆一生所学，虽辗转多方受益，仍以早年励志潜心读书，奠定扎实根基最为切要。故桑梓茹育之情，母校培养之恩，愈到其晚年，便愈萦回于胸中。而千里转运惠书，其乐善之心，回报之意，感恩两字足可尽之。典型垂范，则在读学子，岂能不刻苦用功，以求报效家国天下乎？

先生之学，上承顾（炎武）、黄（宗羲）、王（夫之）三家道统，下继章（太炎）、梁（启超）、钱（穆）三家学风，于有清一代学术，均有湛深研究，而尤以乾嘉学派与乾嘉学术之探讨，最受世人称道。又因研究清代学术，不可不明其前后源流，乃专力于前人极少注意之学案史，由《明儒学案》而《理学宗传》而《圣学宗传》而《陆王学案》而《伊洛渊源录》，又由《伊洛渊源录》上溯至《史记·儒林传》《汉书·艺文志》，乃至更早之《庄子·天下篇》《荀

① 2021年，陈祖武先生将毕生所藏书籍、手稿、信札等捐赠母校贵州大学。贵州大学在学校图书馆特辟专室收藏，祖武先生取名为“感恩书屋”。贵州大学张新民教授为书屋撰写此文。

子·非十二子篇》，探赜索隐，沿波讨源，举凡学术史、史学史、思想史、文献学，无不旁涉兼采，冶为一炉，故谓其为专家之学可，谓为通人之学亦无不可，专精与宏博，皆集于一身矣。历年所著有《清初学术思辨录》《清儒学术拾零》《旷世大儒顾炎武》《乾嘉学术编年》《乾嘉学派研究》《清代学术源流》《清史稿儒林传校读记》《清代学者象传校补》《清代学林举隅》《学步录》《中国学案史》。鸿笔佳构，学林争传。

先生治学，不分门户，实事求是，立论必有根据，力主经世致用，虽于清儒得失，一一剖析透彻，持论却极为平实。待人更冲淡平易，一团和气，谦光照人，有古君子之风。尝自谓生虽有涯，学无止境，回首一生读书治史，能稍有所成就，皆在艰难奋勉中得来。晚年汇集散见文章为一帙，遂名之为《学步录》。又云学步乃实录，非一时兴起之虚语。要皆可见其待人视物宽厚，持身修己颇严，明粹笃行，卓然大家风范。

有清一代之学术，溯源皆可追至亭林。先生早年治亭林之学，即以“天下兴亡，匹夫有责”八字，置之座右，时时自勉。晚年复又撰文，以为“亡国与亡天下奚辨”，斯乃顾氏振聋发聩，超越时代，声若雷霆之问。读史之要义，即在知天下之兴亡，勇于以一己之生命，承担国家民族振兴之重责。又以为善治史者，必具德、才、学、识四长，乃可发明古典精义，肩负经世大任。常以“博学于文，行己有耻”八字，勉励莘莘学子，以为无论做人治学，二者均需合为一体，人品不端，学风即不正。正人则先正己，己不正曷能正人？故一生绳己甚严，多以无言之身教垂范，造就人才无数，无一不为国家栋梁。至于奖掖后进，乐助他人，凡识与不识，互传铸为口碑。斯又兢兢以世道人心为本，不期然而然所必致也。

先生久居京城，每欲表彰故乡文献，以为一部贵州史，自两汉之舍人、盛览、尹珍三贤，以迄清季之郑、莫、黎三大家，实即不断走进华夏主流文明之历史。文献之搜考整理，尤为时代之所必需。而黔地山川雄浑瑰伟，人才代有崛起，皆磊落有豪气，南域称有学焉。先生既校补《清代学者象传》，见其集中郑珍、莫友芝、黄彭年三家，均有画像而无传文，遂广搜史料，出以史家之笔，一一为其补作新传，了其一生发皇乡邦文献心愿，而吾黔缨緌灿辉，人才骈集，读其文则生景仰之志，又非独一时一地之幸也。

感恩书屋既告落成，插架之书满壁，学子游心其间，涵养性灵，陶冶情操，增长元气，扩充知识，读其书而想其人，受其泽而知其心。《诗》不云乎："维其有之，是以似之。"景仰之情既起，笃行之志必升，情乃报国之情，志乃天下之志，自当发奋读书，勤修品性，急国家之所急，忧天下之所忧，乐生民之所乐，冀能以一己之所长，作服务社会之大用。则先生虽远在千里之京城，亦必怍怍然至感慰藉。乃檃括其始末，以明先生捐书之初心。饮水者当思源，感恩两字意深矣。

辛丑年七月廿七日黔中后学张新民谨识

后　记

王　进

《恩重如山——陈祖武先生口述史》在整个访谈和整理阶段，得到了顾久先生、张新民先生、蒙爱军教授以及陈丹阳女士的无私支持和热情鼓励。

此外，贵州大学、贵州师范大学等单位的部分教师对初稿提出了修改意见。贵州人民出版社谢丹华总编辑对该书的编辑、出版付出了极大的心血。

陈祖武先生是贵州人。出于浓厚的桑梓之情，陈祖武先生特意将该书的出版交付贵州人民出版社。贵州省有关单位和个人出于对祖武先生的敬重、感激之情和推动贵州文化事业发展的责任担当，始终关注和支持该书的出版。在此也致以诚挚感谢！

这是访谈者第一次进行口述史的撰写，所有不当之处，当由访谈者负责。

访谈整理者于贵阳

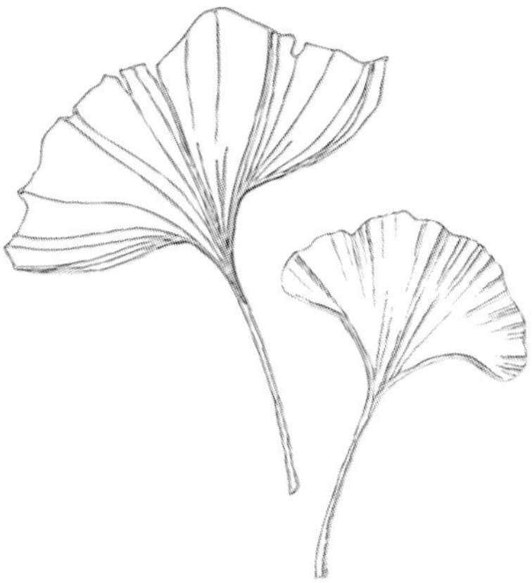

2021 年 10 月 12 日—24 日，陈祖武先生回母校贵州大学参加“感恩书屋”开启仪式期间留影

1

2

3

图 1-3：陈祖武先生携夫人张鸿敏女士在下榻处留影。

4

5

图 4：陈祖武先生与《恩重如山——陈祖武先生口述史》访谈整理者王进教授合影。

图 5：陈祖武先生与贵州人民出版社总编辑（时任副总编辑）谢丹华女士合影。